Stefan Lehnberg ist ein wahres Multitalent. Schauspiel, Regie, Schriftstellerei – in all diesen (und zahllosen weiteren) Bereichen ist der Wahlberliner unglaublich erfolgreich. Er ist nicht nur der Verfasser mehrerer Theaterstücke, sondern war unter anderem als Autor für Harald Schmidt und Anke Engelke tätig. Seine tägliche Radiocomedy „Küss mich, Kanzler“, bei der er als alleiniger Autor, Regisseur und männlicher Hauptdarsteller fungierte, hat es in dreizehn Jahren auf über 3000 Folgen gebracht und sein Roman „Mein Meisterwerk“ wurde mit dem Ephraim-Kishon-Satirepreis ausgezeichnet. Weitere Höhepunkte seiner Karriere markieren die Veröffentlichung von „Der Komödiant – Eine Anleitung zum komischen Spiel für Schauspieler und Regisseure“, „Das persönliche Tagebuch von Wladimir Putin“, die drei Goethekrimis "Durch Nacht und Wind", "Die Affäre Carambol" und „Die Briefe des Ikarus“, die unter dem Pseudonym Guy McLean erschienene humoristische Krimireihe um Lord Danby: „Mord auf Asher Castle“, Die „Deauville-Affäre“ und „Der mysteriöse Passagier“, „Der Indische Saphir“, sowie die unter dem Pseudonym T.H. Lawrence erschienene Father-Brown-Geschichten-Sammlung „Der Teufel von Dublin“.
Außerdem sieht er gut aus, ist hochintelligent und verfügt über einen edlen Charakter.
Doch ist ihm nichts davon zu Kopfe gestiegen. Im Gegenteil: Er ist immer der sympathische Kumpel von Nebenan geblieben, der sich auch keineswegs zu schade ist, mal ein paar biographische Zeilen über sich selbst zu schreiben.
www.Lehnberg.com

Stefan Lehnberg

Comedy für Profis

Das Praxisbuch für Autoren und Comedians

Comedy für Profis – Das Praxisbuch für Autoren und Comedians

www.Bookmundo.de

6. Auflage

Stefan Lehnberg – Am Rathaus 8 – 10825 Berlin

Printed in Germany

ISBN 9789463989510

Die Deutsche Nationalbibliothek verzeichnet diese Publikation in der Deutschen Nationalbibliografie

www.Lehnberg.com

Gewidmet dem genialsten Comedyautor aller Zeiten

Ernest Scribbler

Inhalt

Humor ist eine komische Art, ernst zu sein.

Peter Ustinov

Einleitung

Geschätzter Leser,

vielleicht stehst Du gerade in einer Buchhandlung und überlegst, ob Du dieses Buch kaufen sollst; Du hast da so Deine Zweifel: Erstens bist Du schließlich auch ohne dieses Buch schon immer verdammt witzig gewesen und zweitens gibt es bereits etliche Schriften über dieses Thema. Zum Teil sogar von so namhaften Leuten wie Aristoteles, Sigmund Freud oder Knacki Deuser. Da kann dieses Buch doch wohl kaum noch etwas Neues enthalten.

Zu Deinem ersten Einwand will ich Dir das Folgende sagen: Wenn Du bereits alles über Komik wüsstest, würdest Du nicht in diesem Buch herumblättern, sondern hättest es geschrieben. Und was Dein *Zweitens* angeht: Die Bücher meiner „Mitbewerber" (amerikanischer Politiker-Euphemismus für „verhasste Konkurrenten") sind praktisch ausnahmslos nach Art eines Mathematikbuches, in dem stehen würde: „7x7 ist 49". Das ist zwar richtig, aber sinnlos. Rechnen lernt man so nicht.

Um eine Sache wirklich zu verstehen, muss man ihre grundlegenden Prinzipien begreifen und die Gesetze erkennen, die dafür immer und unter allen Umständen gelten, und nicht nur unter *bestimmten* Umständen. Mir ist kein Text über Komik bekannt und – glaube mir, geschätzter Leser – das sind nicht eben wenige, in dem diesen Prinzipien tatsächlich auf den Grund gegangen wird. Immer und ausnahmslos werden nur Teilaspekte beschrieben, die zwar auf die wenigen Beispiele in dem entsprechenden Text angewandt, richtig sein mögen, aber für andere Formen von Komik schon wieder nicht gelten. Eine vollständige und unter allen Umständen geltende Definition, was Komik ist, findet man nirgendwo.

Nicht umsonst heißt es im deutschen Wikipedia unter dem Stichwort „Komik":

„Bis heute ist keine umfassende Theorie der Komik entwickelt worden.“ *

Das vorliegende Buch soll diese Lücke schließen; es hat den Anspruch, das Phänomen Komik zu entschlüsseln.

Im ersten Teil dieses Buches werden die einzelnen Bestandteile, aus denen sich jegliche Komik zusammensetzt, zunächst in ihre kleinsten Bausteine zerlegt und genauestens analysiert, während im zweiten Teil das Handwerkszeug zur Erzeugung von Komik dargestellt wird.

Mancher wird nun das alte Klischee bemühen, dass die Komik zerstört wird, wenn man sie analysiert. Das ist durchaus richtig. Wenn man einen Witz analysiert, ist er nicht mehr komisch. Ebenso schmeckt die Leberwurst nicht mehr, wenn man erfährt, was drin ist. Trotzdem: Wer Leberwurst herstellen will, muss wissen, wie das geht, während man den Leberwurstesser besser darüber im Unklaren lässt. Exakt so verhält es sich auch mit der Komik.
Im Übrigen gehst Du gar kein Risiko ein, wenn Du dieses Buch erwirbst: Kauf das Buch, lies es zu Hause in aller Ruhe durch, denke gründlich über seinen Inhalt nach, und wenn Du dann – wider Erwarten – dennoch zu dem Schlusse kommen solltest, dass es wertloser Schund ist, dann eile zurück und wirf das elende Machwerk dem betrügerischen Buchhändler vor die habgierigen Füße. Dein Geld wirst Du so wahrscheinlich nicht zurück erhalten, aber die Reaktion des Buchhändlers könnte Dir Stoff für eine herrliche Anekdote bieten, mit der Du der King auf jeder Party bist. Was willst Du mehr?

Der Verfasser

*

Nichtdeutsche Leser dieses Buches werden jetzt aufrufen: „Dass im deutschen Wikipedia steht, zur Komik wäre keine umfassende Theorie entwickelt worden, ist nicht weiter verwunderlich; verwunderlich ist viel mehr, dass der Begriff Komik im deutschen Wikipedia überhaupt vorkommt.

An Stelle eines Vorworts

Kunst ist schön, macht aber viel Arbeit.

Karl Valentin

TEIL I – WAS IST KOMIK?

Was es auch ist, ich bin dagegen!
Groucho Marx

Kapitel 1 – Was ist Komik *nicht*?

„Sapere aude!" ist ein Ausspruch von Horaz und bedeutet wörtlich übersetzt: „Wage es, weise zu sein. Bekannter ist der Satz jedoch in der Interpretation Immanuel Kants als Leitspruch der Aufklärung geworden: „Habe den Mut, Dich Deines eigenen Verstandes zu bedienen", was Kant so verstanden wissen wollte, dass man auch die dato heiligen Dogmen großer Geister immer wieder in Frage stellen darf und soll.
Ich bin sehr froh, dass Kant dies gesagt hat, denn er selbst ist einer der großen Geister, die sich zum Thema Komik geäußert haben und ich muss ganz in seinem Sinne sapere-aude-mäßig sagen: Kant war einer der größten überhaupt, von wegen Kritik der praktischen Vernunft (und anderen Vernünften) und Pipapo, ABER: im Bereich Komik hat er die Sache nicht ganz zu Ende gedacht.
Und bei der Gelegenheit: Das Gleiche gilt für Aristoteles, Charles Baudelaire, Sigmund Freud, Arthur Schopenhauer, Friedrich Nietzsche und auch weniger Prominente (von denen noch die Rede sein wird), die sich im Laufe der Jahrhunderte zum Thema Komik geäußert haben.

Im Folgenden werde ich die Aussagen, die diese großen Geister über zum Thema Komik geäußert haben, kurz im Einzelnen vorstellen und darlegen, warum sie entweder falsch, unvollständig oder zwar teilweise richtig oder unter bestimmten Umständen richtig, aber nicht allgemeingültig bzw. nicht unter allen Umständen richtig sind. Natürlich kann diese Auflistung nicht vollständig sein. Es ist durchaus denkbar, dass irgendwo in den Tiefen des Internets eine perfekte Definition schlummert, aber zumindest ich vermochte sie bisher trotz intensivster Suche nicht zu entdecken. Weiterhin soll nicht verschwiegen werden, dass es auch einige zeitgenössische deutsche Bücher zu diesem Thema gibt, auf die ich hier allerdings namentlich nicht eingehe, um lebenslangen Todfeindschaften vorzubeugen. Die Welt der Comedy ist sehr klein. Besonders in Deutschland. Daher nur soviel: die Erklärungen dort, was genau Komik ist, bleiben ebenfalls ungenau und unvollständig.

Wer mir einfach „so" glaubt, dass alle früheren Komikdefinitionen unbrauchbar sind, darf dieses Kapitel einfach überspringen.

Für alle anderen gilt: Wer nicht glauben will, muss lesen.

Der amerikanische Comedyguru **John Vorhaus** definiert in seinem (zu Unrecht? – entscheide selbst, lieber Leser) berühmten Buch *Handwerk Humor* (*The Comic Toolbox*) Komik auf folgende Weise: „Komik ist Wahrheit und Schmerz."

Das ist ein Satz, der sehr oft von Leuten aus der Comedybranche und in Büchern über Comedy zitiert wird, obwohl er – mit Verlaub – absoluter Kokolores ist. Machen wir den Praxistest: Wenn ich Dir, hochverehrter Leser, mit einem Hammer heftig auf den Kopf haue, dann ist das die Wahrheit und Du wirst großen Schmerz verspüren. Prüfe Dich nun selbst, ob Du das lustig findest. Lehne ich mich zu weit aus dem Fenster, wenn ich die Vermutung wage, dass dies nicht der Fall ist? Wenn Vorhaus recht hätte, wäre jeder Mord, jeder Verkehrsunfall, jede schwere Krankheit lustig. Wohlgemerkt: Das alles *kann* – unter bestimmten Umständen und wenn weitere Bedingungen erfüllt sind – lustig sein. Muss es aber nicht und darum ist die Vorhaus-Definition nicht allgemeingültig bzw. nicht vollständig und somit auch keine Definition.

Die früheste bekannte Theorie zur Komik stammt von **Aristoteles**. Er bezeichnet das Komische als „eine unschädliche Ungereimtheit und als die Nachahmung eines mit Hässlichkeit verbundenen Fehlers des Denkens, Handelns oder Sprechens, wobei dies beim Zuschauer – im Gegensatz zur Tragödie – keinen Schmerz auslösen darf".

Aha, jede unschädliche Ungereimtheit ist also komisch. Also, wenn jemand beispielsweise seit Jahren jeden Morgen einen Kaffee trinkt und plötzlich ohne erkennbaren Grund Tee, dann ist das gewiss eine unschädliche Ungereimtheit, aber ist das auch gleich komisch? Leider nicht.

Was ist mit der Nachahmung eines mit Hässlichkeit verbundenen Fehlers des Denkens, Handelns oder Sprechens? Betrachten wir dazu eines der vielen Fotos, die im Internet kursieren, die ein Baby zeigen, das sich wie ein Erwachsener verhält, z. B., weil es eine Brille trägt und auch zufällig einen sehr erwachsenen Gesichtsausdruck zeigt. Diese Bilder sind oft sehr komisch. Wo ist die Hässlichkeit, die Aristoteles als wichtigen Bestandteil der Komik benennt?

An dieser Stelle will ich alle Aristotelesfans beruhigen: Seine Definition hat inhaltlich schon viel Schönes (dazu später mehr), aber sie ist dermaßen theoretisch und unscharf formuliert, dass niemand etwas damit anfangen kann.

Der Philosoph **Thomas Hobbes** (Begründer des aufgeklärten Absolutismus) definiert Komik als „das plötzliche Gefühl der eigenen Überlegenheit angesichts fremder Fehler".

Auch dies ist wieder eine Kann-sein-muss-aber-nicht-sein-Definition.

Zum einen ist es falsch, dass in der Komik eine Plötzlichkeit notwendig ist. Es ist zwar schon so, dass ein Gag beim ersten Hören oder sehen am lustigsten ist, aber warum guckt man dann manche komischen Filme immer wieder und findet sie jedes Mal wieder lustig, obwohl man schon genau weiß, was kommt?

Und was das plötzliche Überlegenheitsgefühl angesichts fremder Fehler angeht: Du wirst Zeuge, wie Dein bester Freund von einem Wagen überfahren wird, weil er bei Rot über die Ampel gegangen ist. Lustig?
Vielleicht wirst Du jetzt einwenden, dass meine Beispiele konstruiert sind. Das mag sein, aber sie sind legitim. Eine Definition muss nun mal unter allen Umständen gelten, die sie zulässt und wenn sie das nicht tut, ist sie schlicht und einfach falsch.

Immanuel Kant definierte 1790 in §54 seiner *Kritik der Urteilskraft* das Lachen (und somit das Komische) so:
„Das Lachen ist ein Affekt aus plötzlicher Verwandlung einer gespannten Erwartung in Nichts."
Zwar enthält auch diese Definition Richtiges, aber sie ist leider weder allgemeingültig noch vollständig. Wenden wir sie mal auf ein konkretes Beispiel an: Ein Freund von Dir hat sich zu Besuch angekündigt. Er hätte eine große Überraschung für Dich. Du bist sehr gespannt, was es wohl sein mag. Als Dein Freund schließlich erscheint und Du ihn auf die Überraschung ansprichst, kann er sich nicht erinnern, davon gesprochen zu haben. – Ist das lustig? - Auch hier gilt wieder, es *kann* lustig sein, muss es aber nicht.

Sigmund Freud hat sogar ein ganzes Buch zum Thema Komik verfasst: *Der Witz und seine Beziehung zum Unbewussten.* Leider besteht der größte Teil des Buches aus nacherzählten Witzen, die Freud dann auf ihre Komik hin analysiert, allerdings nur, indem er auf die jeweiligen widersinnigen oder doppeldeutigen Formulierungen hinweist.
Aber Freud liefert auch einige Definitionen von Komik. Ich will sie nicht alle aufzählen, da sie ohnehin alle falsch sind und überdies unverständlich, wenn man nicht bereits weiß, was er meint, sondern zitiere – um fair zu sein – nur die am wenigsten falsche, die er allerdings nicht dem Komi-

schen, sondern dem Witz zuordnet, den er, genau wie den Humor als eine parallele Erscheinungsform zur Komik definiert. Allein das zeigt, dass Freud die Sache nicht wirklich durchdrungen hat, da Witz und Humor nur Spezialfälle der Komik sind (dazu später mehr) und somit gelten für sie die auch gleichen Gesetze.

Freud schreibt also: „Der Witz (gemeint: die Komik) überwindet ein gesellschaftliches oder kulturelles Hindernis (Tabu, Konvention) oder eine innere Hemmung (einen Widerstand, der durch Bildung oder Sozialisation hervorgerufen wird) und erlaubt es, sich momentan vom Verdrängungsdruck zu befreien. Die Ersparung des Hemmungsaufwandes, der psychischen Energie, die zur Erhaltung der Hemmschwelle erforderlich ist, führt zu einem Lustgewinn, denn die sexuellen oder aggressiven Wünsche können wenigstens imaginär ausgelebt werden. Das plötzliche Lachen ist wie eine Erinnerung an die Freiheit und an das lustvolle Spiel der Kinderzeit."

Ich erspare mir – und Dir, lieber Leser – diesen Text zu widerlegen (was möglich wäre) und weise stattdessen nur darauf hin, dass er – vielleicht hattest Du es selbst auch bereits vermutet – total unverständlich ist – und somit unbrauchbar.

Falls Du jedoch wider Erwarten gar nicht genug von solchen Texten bekommen kannst, wird es Dich entzücken, dass im Anhang dieses Buch Freuds Essay *Der Humor* in voller Länge abgedruckt ist, so dass Du Dir ein eigenes Bild davon machen kannst, wie Freud über Komik dachte.

Ähnlich ergeht es uns mit **Arthur Schopenhauer**. In Band 2 seines philosophischen Werkes *Die Welt als Wille und Vorstellung* analysiert er das Komische. Für ihn „ist der Ursprung des Lächerlichen allemal die paradoxe und daher unerwartete Subsumtion eines Gegenstandes unter einem ihm übrigens heterogenen Begriff, und bezeichnet demgemäß das Phänomen des Lachens allemal als die plötzliche Wahrnehmung einer Inkongruenz

zwischen einem solchen Begriff und dem durch denselben gedachten realen Gegenstand, also zwischen dem Abstrakten und dem Anschaulichen..."
Nur mal bis hier, es geht noch eine Weile so weiter. Ich sag mal so: Dann noch lieber Freud.

Für **Sören Kierkegaard** hingegen „ist das Komische eine Begrenzung im Bereich des Religiösen. Diese wird als verborgene Innerlichkeit bestimmt. Das Komische betrifft die Innerlichkeit des religiösen Menschen und dessen Äußerlichkeit als Handelnder in der Welt. Das Religiöse ist durch seine leidensschwere und schuldbewusste Innerlichkeit anders, jedoch auch nicht von den anderen verschieden - dieser Widerspruch prägt das Komische."
Ich sag mal so: Dann noch lieber Schopenhauer

Der französische Philosoph und Nobelpreisträger **Henri Bergson** veröffentlichte ein viel beachtetes – heute vergriffenes – Buch mit dem Titel *Das Lachen.* In ihm sind viele kluge Beobachtungen zur Komik zu finden, wie z. B. diese hier: „Wir lachen jedes Mal, wenn eine Person uns wie eine Sache erscheint." Oder auch: „Jemanden nachahmen, heißt den Teil Automatismus herausstellen, den er in seiner Person hat einnisten lassen." Insgesamt ist es eines der besten Bücher zum Thema und unbedingt zu empfehlen, aber eine allgemein gültige Definition, was Komik ausmacht, bleibt leider auch Bergson schuldig, am ehesten trifft es noch dies: „Eine Situation ist immer dann komisch, wenn sie gleichzeitig zwei völlig unabhängigen Reihen von Ereignissen angehört und so einen doppelten Sinn hat." Leider ist das sehr vage und – wie wir noch sehen werden – auch nicht vollständig.

Friedrich Nietzsche wiederum definiert Komik als den „Übergang aus augenblicklicher Angst in einen Zustand kurz dauernden Übermutes."

Das geht schon stark in die richtige Richtung, obwohl ich das Wort Angst Durch Respekt ersetzen würde. Trotzdem ist auch dies eine Definition, die nur der versteht, der schon vorher wusste, was Komik ist. Dem Uneingeweihten wird sie nicht weiterhelfen. Überhaupt habe ich bei meinem Studium der Komikdefinitionen dieser großen Geister den Eindruck gewonnen, dass diese Texte bislang nur auf Grund ihrer Unverständlichkeit nicht widerlegt wurden und das Publikum sich nach dem Motto „wird schon stimmen“, lieber einfacheren Themen zugewandt hat.

Oft liest man auch folgendes **Woody Allen** zugeschriebene Zitat: „Komik ist Tragödie plus Zeit.“
Dies ist kein Direktes Zitat von Woody Allen, sondern ein Satz, aus Allens Film *Verbrechen und andere Kleinigkeiten*, in dem Allen ihn einem eitlen Regisseur in den Mund legt. Diesen Satz deshalb gleich als Woody-Allens eigene Definition von Komik zu bezeichnen, ist nicht nur formal fragwürdig, sondern auch inhaltlich, denn Comedyprofi Allen weiß es mit ziemlicher Sicherheit besser. Der Satz ist in dieser Form nämlich falsch oder zumindest nicht uneingeschränkt richtig. Nicht jede Komik enthält eine tragische Komponente (z. B. Wortspiele) und obwohl es stimmt, dass ein emotionaler Abstand beim Betrachter notwendig ist (dazu später mehr), muss dieser Abstand nicht unbedingt durch das Vergehen von Zeit entstehen. Wenn auf der Straße jemand auf lustige Weise auf einer Bananenschale ausrutscht, lachst Du nicht in einem Jahr, sondern sofort. Der emotionale Abstand besteht darin, dass Du den Pechvogel nicht kennst. (Oder ihn kennst, aber nicht magst oder er Dir zumindest nicht emotional nahe steht.) Also auch diese Definition enthält Richtiges, gilt aber nur unter bestimmten Bedingungen und ist somit unbrauchbar.

Steve Kaplan wiederum – um auch ein relativ aktuelles Buch zu zitieren – schreibt in *The hidden Tools of Comedy* folgendes: „Comedy is the art of telling the truth about what it's like to be human.“ Diese Definition ist gleich dreifach falsch. Zum einen, weil auch in der Tragödie die Wahrheit darüber gesagt werden kann, was es bedeutet, ein Mensch zu sein und Tragödie ist nun mal das Gegenteil von Komödie, (aber auch in der Wissenschaft oder im Journalismus wird dieses Thema behandelt), zum anderen kann auch etwas komisch sein, ohne dass eine Aussage über die menschliche Natur getroffen wird und selbst wenn man zugesteht, dass das Erzählen der Wahrheit darüber, was es bedeutet, ein Mensch zu sein, ein Bestandteil von Komik sein *kann,* so ist doch klar, dass dies nur ein möglicher Bestandteil von mehreren ist. Kaplans Definition ist ungefähr so sinnvoll wie die Aussage „Jedes Lebensmittel besteht komplett aus Salz.“

Alles mit K ist komisch. – **Neil Simon**
Dieser Satz erhebt nicht unbedingt den Anspruch eine Definition zu sein, aber er ist sehr bekannt und darum soll er hier auch besprochen werden. Er stammt aus Simons Theaterstück *Sonny Boys* (*The Sunshine Boys)*, das von zwei alten Komikern handelt. Ob es jemals eine alte Broadwayregel war, oder ob Simon das einfach erfunden hat, ist unklar. Aber, dass der Satz Unsinn ist, ist ziemlich offensichtlich.
Hier eine Liste mit K-Wörtern:
Kalk, Keil, Kiel, Kloster, Kosten, Kunde, Kran. – Lustig?

Doch dieses Kapitel darf nicht enden, ohne dass wir erfahren, wie **Steve Martin** Komik definiert:
„Komik ist die Kunst, die Menschen zum Lachen zu bringen, ohne dass sie kotzen müssen.“
Sie ist zwar nicht ernst gemeint, aber trotzdem die einzige Regel aus diesem Kapitel, die Du unbedingt beherzigen solltest.

Kapitel 2 – Was *ist* Komik?

Lachen ist eine körperliche Übung
von großem Wert für die Gesundheit.
Aristoteles

In diesem Kapitel wollen wir nun der Sache auf den Grund gehen. Denjenigen, die bemängeln, dass hier Quellenangaben fehlen, sei gesagt, es gibt keine, weil dieser Text eben nicht auf Quellen, sondern ausschließlich auf eigenen Überlegungen fußt. Er *ist* die Quelle.

1. Was ist lachen?

Wie wir im letzten Kapitel gesehen haben – und in diesem Kapitel weiter sehen werden – setzt das Lachen komplexe Vorgänge voraus.

Damit etwas als komisch empfunden wird (und nur um diese Form des Lachens soll es hier gehen. Lachen aus Höflichkeit, Verlegenheit, u. ä. ist eine völlig andere Baustelle), müssen verschiedene Bedingungen erfüllt sein.

Wenn zum Beispiel ein Komiker im Fernsehen einen ironischen Gag bringt, müssen wir, um zu lachen, nicht nur verstehen, was er gesagt hat, sondern auch erkennen, dass er damit eigentlich etwas ganz anderes meint. Wir müssen weiterhin erkennen, dass dies kein versehentlicher Fehler von ihm war, sondern dass er das absichtlich gemacht hat und müssen schließlich das Gesagte zum eigentlich Gemeinten in einen Bezug setzen und erkennen, dass alle drei Voraussetzungen dafür, dass etwas komisch ist (dazu gleich mehr) erfüllt sind. Nicht gerade wenig. Man könnte annehmen, dass eine solch komplexe Analyse doch mindestens einige

Minuten dauern müsste, aber keineswegs: Wir wissen – nein wir *empfinden* – blitzartig, dass es komisch ist. Ohne darüber bewusst nachzudenken. Wir empfinden es instinktiv und lachen. Und zwar ohne, dass wir dies aktiv steuern müssten. Es ist ein Reflex.

Reflexe sind immer dann im Spiel, wenn sich der Mensch sehr schnell vor etwas schützen muss. Und zwar so schnell, dass es zu lange dauern würde, wenn er erst darüber nachdenken müsste. Reflexe sind daher für das Überleben essentiell.

Und nun stellt sich die Frage, inwiefern ist das Lachen für das Leben essentiell? Heutzutage ist es das wohl nicht mehr. Aber das war es mal. Nämlich in grauer Vorzeit. Stellen wir uns einen Neandertaler vor, der durch den Wald streift. Plötzlich hört er ein Rascheln, irgendwas kommt schnell näher, direkt auf ihn zu. Was ist es? Er muss mit dem Schlimmsten rechnen. Vielleicht ein Säbelzahntiger? Was geht in diesem Moment in dem Menschen physiologisch vor? Sein Adrenalinspiegel springt auf hunderttausend (diese Formulierung ist möglicherweise nicht ganz wissenschaftlich, aber Du weißt, was ich meine), er erstarrt **und hält die Luft an**. Das Blätterwerk teilt sich und vor ihm erscheint ein Eichhörnchen. Ich behaupte, solche und ähnliche Situationen sind die früheste Form der Comedy. Und alle drei für Komik notwendigen Komponenten – zu denen wir nun gleich *endlich(!)* kommen werden – sind bereits in ihr vorhanden. (Wohlgemerkt: Nicht der Neandertaler ist komisch in dieser Situation. Er ist der Zuschauer. Komisch ist der vermeintliche Säbelzahntiger, der sich als Eichhörnchen entpuppt.)

Was passiert nun im Körper unseres Neandertalerfreundes? Er erkennt, dass das vermeintliche Lebensbedrohliche in Wirklichkeit harmlos ist, sein Körper entspannt sich, er atmet die angehaltene Luft aus und sein Körper beginnt, wieder Sauerstoff aufzunehmen und die überschüssige Energie abzubauen. Dies geschieht mittels mehrmaligen Ausatmens – übrigens auch heute noch eine bekannte und erfolgreiche Entspannungstechnik.

Dieses stoßweise Ausatmen ist nichts anderes als – lachen. Lachen in seiner Urform ist also der körperliche Abbau negativer Gefühle nach durchlittener Todesangst.
Wenn Du Dir aus diesem Buch nur eines merkst, dann dies:

Lachen ist das Gegenteil von Angst.

Lachen ist Erleichterung. Das Umschlagen von einer gefühlten Unterlegenheit in Überlegenheit. Es gab eine Situation, die wir sehr ernst nehmen mussten – ich formuliere es bewusst so allgemein – und nun stellt sich die Harmlosigkeit dieser Situation heraus.
Wir fühlen uns überlegen. Darum lachen wir manchmal auch gekünstelt (z. B., wenn uns jemand beleidigt), um zu demonstrieren, dass uns diese Beleidigung nichts anhaben kann, denn wir zeigen uns durch unser Lachen als emotional nicht betroffen und überlegen.
Auch das Lachen, wenn wir gekitzelt werden ist ein Lachen der Erleichterung, denn einerseits nehmen unsere Urinstinkte, diese Art des Anfassens als Angriff war, gleichzeitig wissen wir aber auch dass es keiner ist. Der einzige Unterschied zum durch geistigen Stimulans hervorgerufenen Lachen ist, dass hier Bedrohung und Entwarnung nicht nacheinander, sondern gleichzeitig stattfinden und über längere Zeit anhalten können.

Auch fällt das Lachen leichter, wenn man es zusammen mit anderen tut, denn in der Gruppe fühlt man sich stärker. Aus diesem Grunde existieren ja die schrecklichen Lacher aus der Konserve bei vielen Sitcoms und aus dem selben Grund haben Latenight-Comedians im Fernsehen ein Livepublikum im Saal. Denn direkt vor Ort herrscht eine konzentrierte, fast könnte man sagen „hysterische“ Spannung. Diese Zuschauer lachen leichter und auch sehr viel heftiger als die, die daheim auf dem Sofa sitzen und im wahrsten Sinne des Wortes einen größeren Abstand zu der Sache haben. Der ist nicht nur räumlich größer, sondern auch emotional. Ein Comedian, den Du live genial findest, kommt Dir auf dem Sofa nur „ganz nett“ vor. Das Lachen der Livezuschauer wirkt ansteckend und signalisiert dem Zuschauer zu Hause, dass es lustig ist; selbst an den Stellen, wo es eigentlich gar nicht so sehr der Fall ist. Vor einiger Zeit sah ich eine Show des Comedians Stephen Colbert. Statt seiner üblichen Sendung war es eine Art Weihnachtspecial aus seinem Wohnzimmer. Ohne Zuschauer. Er machte die gleiche Art von Gags wie sonst auch, nur auf einmal wirkt es ziemlich lahm und wenig lustig. Es fehlte etwas. Das Lachen des Publikums.

Ein weiterer Aspekt des Lachens in Bezug auf das Gefühl der Überlegenheit soll nicht verschwiegen werden.

Nicht selten ist uns gar nicht klar, worüber wir da eigentlich lachen. Manche Gags sind bewusst kompliziert oder wichtige Informationen werden weggelassen. Gerade darin besteht dann der Gag. (Vgl. Komik A-Z. „Ellipse“)

Diese Konstruktion trotzdem zu durchschauen, in der Lage zu sein, das fehlende blitzschnell ergänzen zu können, gibt dem Zuschauer ein weiteres Gefühl der Bestätigung.

We are the three Amigos and Amigos forever we'll be!

aus „Die drei Amigos"

2. Die drei Komponenten der Komik

In den diversen Büchern über Komik finden wir etliche kluge Beobachtungen:
Komik ist negativ.
Komik hat einen doppelten Sinn.
Komik ist ein Kipp-Phänomen.
Komisch ist, wenn eine Person wie eine Sache erscheint.
Je mehr man wie eine Maschine ist, desto komischer ist man.
Lustig ist, wenn das Gefühl der komischen Person zu schwach oder zu stark für die Situation ist.
In der Komödie wird der Mensch schlechter dargestellt als er ist.
Das Komische nimmt sich ernst.
Das scheinbar Erhabene ist komisch.
Komisch ist das Kleine, das großtut.

All das ist richtig und doch sind wir, nachdem wir es wissen und geistig nachvollzogen haben „so klug als wie zuvor". Fast fühlt man sich erinnert an Anton Tschechows *Der Kirschgarten*, in dem die Figur des Gajew sich wie folgt äußert: „Wenn gegen eine Krankheit recht viele Mittel vorgeschlagen werden, so heißt das, sie ist unheilbar." Weisen etwa die zahllosen unterschiedlichen Definitionen des Phänomens Komik darauf hin, dass es gar keine Definition gibt? Die Komik gleicht einem glitschigen Stück Seife, das sich jedem Versuch, es zu packen entzieht. Zumindest dann, wenn man dies versucht, indem man nur Teilaspekte benennt.

Diese Definitionen sind in etwa so richtig, wie die Aussage: „Jedes Auto hat Räder.“ Das ist zwar richtig, erklärt aber nicht, was ein Auto ist und schon gar nicht, wie es funktioniert.
Wir wollen daher versuchen herauszufinden, aus welchen unverzichtbaren Bestandteilen Komik besteht und welcher Mechanismus grundsätzlich und immer in ihr vorhanden ist.

Wenn Du Dir aus diesem Buch nur eine Sache merkst dann diese hier:
Damit wir etwas als komisch empfinden können, sind drei Dinge zwingend notwendig:

A. Ein Ideal

B. Die Zerstörung dieses Ideals.

C. Ein emotionaler Abstand zur Situation

(Keine Sorge, das wird im Folgenden ausführlich erklärt.)
Fehlt eines dieser drei Dinge, ist es nicht komisch. Dies gilt für jede Art von Komik: Vom Mann, der auf der Bananenschale ausrutscht, über ein Bonmot von Oscar Wilde bis zum lustigen Babyfoto. Diese drei Komponenten – A, B, C – sind immer vorhanden. Teilweise ist dies jedoch im konkreten Fall ungeheuer schwer zu erkennen, weshalb in anderen Büchern über Komik auch gar nicht erst der Versuch unternommen wird, dies zu tun, oder ist, wo man es doch versucht hat – zumindest soweit es mir bekannt ist – gescheitert. Im Folgenden sollen diese drei Komponenten zum ersten Mal genau analysiert werden.
Paradoxerweise ist es übrigens nur mit dem Verstand schwer zu erkennen, wo im jeweils konkreten Fall die Komik liegt, das Unbewusste hingegen erkennt es im Bruchteil eines Augenblicks. Man braucht dafür keine Kenntnisse über Komik. Man muss nicht backen können, um zu wissen, ob einem der Kuchen schmeckt.

Und während ein Comedian vielleicht lange daran tüftelt, das perfekte Timing für eine Nummer zu finden, muss der Zuschauer noch nie etwas von Timing gehört haben, trotzdem: Wenn das Timing falsch ist, lacht er nicht.

Leute, die nicht lachen, sind keine ernsthaften Leute.

Fréderic Chopin

A. Das Ideal

Tief im Inneren haben wir eine durch Generationen ererbte, geradezu in unseren Genen verankerte Vorstellung, wie die Welt normalerweise ist. Es ist eine Klischeevorstellung, oder freundlicher formuliert: eine naive Ideal-Vorstellung. Wir denken, dass der Papst ein älterer Herr ist, der sich würdevoll benimmt, dass Polizisten nicht stehlen, dass Erwachsene sich vernünftig verhalten, dass Wörter eine genau festgelegte Bedeutung haben und unendlich viel mehr.

Und zwar unabhängig davon, was unsere Haltung dazu ist; wir müssen den Papst nicht mögen, um so zu denken. Wie gesagt, es ist unsere Klischeevorstellung im tiefsten Inneren.

Nun sind Klischees besser als ihr Ruf. Sie sind nämlich – ganz entgegen des Klischees über Klischees – keineswegs immer falsch, sondern nur: nicht immer richtig. Ohne Klischees könnte man den Alltag gar nicht bewältigen.

Beispiel: Wenn Dir Dein Auto gestohlen wird, begibst Du Dich zum nächsten Polizeirevier, um den Diebstahl anzuzeigen. Was lässt Dich glauben, dass das Polizeirevier wirklich ein Polizeirevier ist? Dass draußen ein Polizeischild ist, dass die Leute dort Polizeiuniformen tragen? Es könnten auch Betrüger sein, die sich diese Uniformen im Kostümverleih besorgt und das Schild draußen selbst gebastelt haben.

Wäre möglich. Vielleicht solltest Du das erstmal überprüfen. Tust Du aber nicht, Du vertraust lieber dem Klischee: Schild + Uniformen = Polizei. Und so gut wie immer, wirst Du damit richtig liegen. Wenn Du jeden Tag aufs Neue alles, was Du zu wissen glaubst, auf den Prüfstand stellen müsstest, statt Dich auf gewisse Erfahrungen von Dir oder anderen zu verlassen, würdest Du verrückt werden und zu gar nichts mehr kommen.

Nein, Klischees sind äußerst hilfreich. Sie sparen Zeit.

Für alles und jedes haben wir eine Klischeevorstellung, wie es normalerweise ist. In dieser Klischeevorstellung bzw. Idealvorstellung respektieren wir es, so wie wir den (vermeintlichen) Säbelzahntiger respektieren, da er uns (bzw. nicht uns, aber den armen Wicht vor einer Million Jahren) töten kann.

Halten wir also fest: Das erste notwendige Element für die Entstehung von Komik ist eine instinktiv empfundene klischeehafte Idealvorstellung von etwas, die wir respektieren.

Dabei gibt es universelle Wertvorstellungen, die tief in jedem Menschen verankert sind, aber auch unterschiedliche, die durch beispielsweise die jeweilige Kultur, in der man aufgewachsen ist, durch die Erziehung oder tausend andere Einflüsse entstanden sind. Diese Wertvorstellungen entscheiden, worüber Du lachst und worüber nicht. Wer einmal analysiert, was er lustig findet, wird einiges über sich erfahren, was er vielleicht vorher nie geahnt hätte und was ihm vielleicht vom Kopf her nicht gefällt, weil es nicht in sein aufgeklärtes Weltbild passt. Oder wie Goethe es formulierte: „Durch nichts bezeichnen die Menschen mehr ihren Charakter, als durch das, was sie lächerlich finden.“

Revolution ist die ruckartige Nachholung verhinderter Entwicklung.

Karl Marx

B. Die Zerstörung dieses Ideals.

Damit nun Komik entstehen kann, muss das jeweilige Ideal von seinem Sockel gestoßen werden. Es erweist sich plötzlich als antastbar, obwohl es normalerweise vorgibt, dies nicht zu sein. Bisher hatten wir in irgendeiner Form Respekt (noch einmal: Respekt kann man auch gegen seinen Willen empfinden!) vor diesem Ideal, wir hatten akzeptiert, dass dafür gewisse unumstößliche Regeln gelten, was wir (bewusst oder unbewusst) als innerlichen Zwang empfunden haben. Jetzt sind wir erleichtert, weil dieses Objekt plötzlich schwächer ist, als wir gedacht hatten. Denn wie sagte schon Napoleon: „Vom Erhabenen zum Lächerlichen ist es nur ein kleiner Schritt." In dem Moment, wo der Papst (oder eine andere Respektsperson) in einen Hundehaufen tritt, erweist er sich als normaler Mensch, dem genauso blöde Sachen passiert wie uns, oder sogar noch blödere, denn wir sind in diesem Moment gerade *nicht* in einen Hundehaufen getreten, und können uns zumindest in diesem Moment dem Papst überlegen fühlen. Ein gutes Gefühl der Überlegenheit und somit der Entlastung.

Wenn Robert De Niro in *Reine Nervensache* als Mafiaboss zum Psychiater geht und wegen jeder Kleinigkeit anfängt zu weinen, dann nimmt uns das die Angst vor der eigentlich gefährlichen Respektsperson Mafiaboss.

Und wenn Rowan Atkinsons Mr. Bean sich ständig wie ein kleines Kind verhält (nämlich naiv, feige, egoistisch, gemein), obwohl er ein Erwachsener im Anzug ist (nur deshalb ist es komisch, die gleichen Szenen mit einem Kind wären so gut wie gar nicht komisch), dann stößt Atkinson diese Figur ebenfalls vom Sockel. Vom Sockel des Erwachsenseins, von dem wir eine bestimmte Vorstellung haben. Mr. Bean übertritt für uns die Regeln, die wir mehr oder weniger versuchen einzuhalten. Er benimmt sich ungestraft so, wie wir uns selbst das nicht erlauben würden. Auch das verschafft uns Entlastung.

Das gleiche gilt auch für die Theaterstücke und Bonmots Oscar Wildes, z. B. dieses: „Als ich jung war, glaubte ich, Geld sei das Wichtigste. Heute *weiß* ich, dass es so ist."

Hier werden gleich zwei Glaubenssätze vom Sockel gestoßen: Zum einen erwarten wir von der Satzkonstruktion her, dass nach „Als ich jung war, dachte ich..." nun etwas Gegensätzliches kommt. Zum anderen ist unsere Ideal-Vorstellung von einem Aphorismus, dass dadurch eine edle Weisheit verkündet wird und nicht ein profanes Bekenntnis zum Geld.

Wenn – wie in zahllosen Komödien – Polizisten als korrupt oder unfähig gezeigt werden, dann ist es dort lustig. In anderen – ernsten – Filmen, werden sie vielleicht ebenso gezeigt, aber ohne, dass dies lustig ist.

Warum ist das so? Weil für die Entstehung von Komik noch etwas Drittes hinzukommen muss.

Alles ist komisch, solange es jemand anderem passiert.

Will Rogers

C. Der emotionale Abstand zur Situation

Damit Du über etwas lachen kannst, musst Du auf irgendeine Weise einen emotionalen Abstand dazu haben. Wenn Du mitansiehst, wie der Papst auf einer Bananenschale ausrutscht, ist es ein großer Unterschied, ob Du ein atheistischer Fernsehzuschauer bist, oder ein Kardinal, der direkt neben dem Papst steht, wenn es passiert. Als letzterer wirst Du es gar nicht komisch finden, zum einen, weil Du direkt danebenstehst und damit Teil der Situation bist, zum anderen, weil die Lächerlichkeit auf die gesamte katholische Kirche und damit auf Dich zurückfällt und zum Dritten, weil Du möglicherweise Mitleid mit dem Papst hast, den Du ja auch privat kennst.

Wenn ein Kind bei einer Schüleraufführung einen Fehler macht, dann werden die Mitschüler es vielleicht auslachen, die anwesenden Eltern des Kindes im Publikum bestimmt nicht.

Wenn man Dir erzählt, wie sich Dein Chef im Büro vor allen Angestellten lächerlich gemacht hat, wirst Du das vielleicht lustig finden, wenn Du jedoch bei dieser Situation selbst anwesend warst und klar ist, dass alle, die den Chef auslachen, ihren Job verlieren, wirst Du nicht lachen, ja Du wirst es gar nicht erst lustig finden.

Ein Witz über einen Politiker, der einer Partei angehört, die für Deine Ideale kämpft, wird Dir nicht gefallen, der gleiche Witz über einen gegnerischen Politiker vielleicht schon.

Wenn ein Passant auf Glatteis ausrutscht, kannst Du das lustig finden, wenn Du selbst ausrutschst, eher nicht. (Es sei denn, Du hast Humor. – Mehr dazu im nächsten Kapitel.) Ob das, was da passiert, für Dich eine

Tragödie oder eine Komödie ist, hängt nicht von dem Geschehen selbst ab, sondern nur von Dir, wiewohl es für den Betroffenen so oder so gleich schlimm ist.

Um etwas lustig zu finden, darfst Du emotional nicht betroffen sein. Du darfst nicht Mitleid mit dem Opfer haben (oder wie Goethe es formulierte: „Nur wer kein Gewissen hat, kann humoristisch sein"). Es dürfen nicht Deine heiligsten Empfindungen lächerlich gemacht werden und auch sonst musst Du sicher sein, dass das Lachen keine negativen Folgen für Dich hat. Je weiter Du von der Sache, über die gelacht wird, entfernst bist, emotional, räumlich oder zeitlich, desto eher wirst Du darüber lachen können.

Nochmal zurück zum unfähigen oder korrupten Polizisten. Warum ist er in einer Komödie lustig, aber in einem ernsten Film nicht? Warum haben wir kein Mitleid mit Stan Laurel, wenn er – wie oft in seinen Filmen – weint? Warum lachen wir, wenn der Kojote eins ums andere Mal in den Abgrund stürzt, in die Luft gesprengt oder von einem dicken Felsbrocken erschlagen wird?

Weil wir als Zuschauer einer Komödie von vorneherein die Erlaubnis haben zu lachen. Mit der Garantie, dass es sowieso nicht ernst gemeint ist, können wir es uns erlauben, über die schrecklichsten Dinge zu lachen.

Die Komödie entführt uns in eine irreale Parallelwelt, wo wir unsere geheimen anarchistischen Gelüste ungestraft ausleben dürfen.

Jedes Ding hat drei Seiten:
Eine positive, eine negative und eine komische.
Karl Valentin

Quintessenz

Tief in unserem Inneren existieren Glaubenssätze, von deren Wahrheit wir überzeugt sind und denen wir uns unterordnen, möglicherweise, ohne das eine, noch das andere zu wissen.
Wenn plötzlich durch Komik einer dieser Glaubenssätze von seinem Sockel gestoßen wird, verschafft uns das Erleichterung und Freude. Es reicht dabei nicht, dass etwas, was wir geglaubt haben, sich als falsch erweist, damit es komisch ist. Wenn wir überzeugt sind, das Dinkelsbühl, die Hauptstadt von Frankreich ist und nun erfahren, dass dies nicht so ist, ist das noch nicht komisch, denn der Fehler liegt dann bei uns. Lustig wäre es erst, wenn die Einwohner von Dinkelsbühl alles dafür täten, den Rest der Welt glauben zu machen, Dinkelsbühl wäre Paris, denn dieser Versuch kann nur kläglich scheitern und wir verstehen die Komik sofort. Um im Bild vom Urmenschen im Dschungel zu bleiben: Wir sehen ein Eichhörnchen, das von sich behauptet ein Säbelzahntiger zu sein.

Obwohl sich jede Komik aus einer Reihe teils widersprüchlicher, und oft teils nicht einmal ausgesprochenen Elementen zusammensetzt, versteht jeder Mensch sie im Bruchteil einer Sekunde. So wie er ja auch Gesichtsausdrücke und die Bedeutung hinter verschiedenen Satzbetonungen instinktiv versteht, ohne dass sie ihm je erklärt wurden.
Wohlgemerkt *das Prinzip* der Komik versteht er sofort. Das heißt noch lange nicht, dass er überall die vorhandene Komik bemerkt, denn dies

hängt von seiner geistigen Entwicklung ab. Jeder – auch der Dümmste – versteht die Komik der Schadenfreude – denn der Mitmensch, der zu Schaden kommt, sinkt in dem Moment statusmäßig nach unten, unter das Niveau der weiteren Anwesenden. Das gibt den Lachenden ein gutes Gefühl. Jeder kann diesen Vorgang nachvollziehen, es ist die niederste Form der Komik. (Während Galgenhumor die höchste Stufe ist.) Und je kleiner sich die Lachenden gegenüber dem Opfer zuvor fühlten, desto mehr werden sie sich amüsieren. (Schadenfreude ist daher immer ein Eingeständnis der grundsätzlichen Unterlegenheit unter dem Gegenstand des Auslachens.) Um die Komik eines Ricky Gervais hingegen zu verstehen, braucht es schon eine gewisse Bildung, nicht, weil die Prinzipien der Komik hier anders wären, das sind sie nie, sondern weil der Kontext sonst gar nicht verstanden wird.

Dass ein Mann, der in einer zu kurzen Hose in der Oper erscheint, komisch ist, versteht jeder; um die Komik zu entdecken, die hingegen entsteht, wenn ein Student einer britischen Eliteschule mit der falschen Krawatte erscheint, braucht es Spezialwissen.

Es ist wie beim Angst haben: Die Prinzipien der Angst sind immer dieselben, aber es benötigt Wissen, um vor Manchem Angst zu haben. Jeder, auch ein Dreijähriger, bekommt Angst, wenn ein Krokodil auf ihn zukommt, aber um vor einem Koffer radioaktiven Materials Angst zu haben, braucht es Wissen.

Kein spezielles Wissen braucht es aber bei den tausenden von Dingen, die tief in uns verankert sind. Zum Beispiel, wer schön oder hässlich ist, sicher gibt es da eine gewisse Toleranzzone, aber wenn die Nase zu lang, die Ohren zu klein sind, weil sie etwas zu weit von der goldenen Mitte abweichen, findet man denjenigen weniger attraktiv, selbst, wenn einem gar nicht bewusst wird, warum es so ist. Das Gleiche gilt entsprechend für unsere Vorstellung wie ein Mann oder eine Frau zu sein hat. Aller Political Correctness zum Trotz hat sich dort nämlich nichts geändert. Je weiblicher sich ein Mann benimmt, desto komischer wirkt er, für Frauen gilt umgekehrt dasselbe. Monty Pythons Soldaten, die auf äußerst schwule Art auf dem Kasernenhof exerzieren (*Monty Pythons wunderbare Welt der Schwerkraft*), bedürfen keiner weiteren Erklärung. Jeder empfindet, Soldaten, die sich so verhalten, sind keine richtigen Soldaten. Wir können noch so sehr überzeugte Pazifisten sein, tief im Inneren haben wir Respekt vor Soldaten, das haben wir genetisch über Jahrtausende gelernt, denn Soldaten können Menschen töten, also muss man sie sehr ernst nehmen. In dem wir über diese Soldaten lachen, bestätigen wir den Respekt, den wir von ihnen haben und von dem wir nun für einen Augenblicklich erlöst werden. Hier wird endlich klar, was der Satz „die Ausnahme bestätigt die Regel“ bedeutet. Wenn wir die Regel nicht anerkennen würden, könnten wir gar nicht über die Ausnahme lachen. Die Komik bestätigt, wie sehr wir unter der Fuchtel unseres archaischen Inneren stehen. Bevor man sich über etwas lustig machen kann, muss man es erstmal respektieren. Respektieren im Sinne von: eine Größe anerkennen, gegen die wir nicht gewinnen können und die wir ernst nehmen müssen, nicht im Sinne von mögen. Man mag Hitler nicht, aber man muss ihn ernst nehmen, weil er die Macht hatte, den Tod von Millionen von Menschen zu verursachen.

Sich über etwas lustig zu machen, was uns egal ist, dessen unüberwindbaren Ernst wir nicht tief im Inneren empfinden, ist nicht möglich. Über etwas wie einen Schmetterling kann man sich nicht lustig machen. Zumindest solange er sich verhält, wie ein Schmetterling. In dem Moment, wo er behauptet, ein Adler zu sein, wird er komisch, denn wir haben eine Vorstellung davon, wie ein Adler eigentlich zu sein hat. Immer dann, wenn das Große für einen Moment klein wird, ist es komisch, wobei es keine Rolle spielt, von welcher Seite man das Pferd aufzäumt: Der Säbelzahntiger, der sich plötzlich als Eichhörnchen erweist, ist eben so komisch, wie das Eichhörnchen, das damit angibt, ein Säbelzahntiger zu sein.

Dieses Prinzip – das Große, das für einen Moment klein wird, oder das Kleine, das vergeblich so tut, als sei es groß, nennt man Fallhöhe. Dieses Missverhältnis von Anspruch und Wirklichkeit ist die Quelle aller Komik. Und je gefährlicher und ernstzunehmender der Säbelzahntiger ist oder je ernster sich das Eichhörnchen nimmt, desto komischer ist es. Paradoxerweise wirkt man um so komischer, je mehr man versucht, *nicht* komisch zu wirken. Dabei muss Komik sich immer auf etwas anderes beziehen. Sie kann nicht aus sich selbst heraus existieren. Insofern ist sie parasitär, denn das Kleine wird erst im Vergleich zum Großen komisch. Oft ist die Fallhöhe so schwer auszumachen – wo ist hier das Große und wo das Kleine? – dass man versucht ist, zu behaupten, da sei gar keine, aber sie ist immer da. Leicht ist sie noch zu erkennen bei Monty Pythons tödlichem Witz, bei dem jeder, der ihn hört, vor Lachen stirbt; hier wird Tod (das Große) mit einem Witz (das Kleine) kombiniert. (Ein Witz behauptet von sich, töten zu können) oder bei Loriots Heiratsantrag, bei dem ihm eine Nudel im Gesicht klebt. Auch bei diesem Gebet des Rhinozeros von Harry Rowohlt ist die Sache klar:

„Lieber Gott, Du bist der Boss. Amen, Dein Rhinozeros"

Einerseits das Gebet (groß) andererseits die respektlose hingerotzte Form (klein) dieses Gebets.

Aber nicht immer ist es so simpel. Warum ist ein Bild von einem Baby mit Brille komisch? Wo ist die Fallhöhe? Weil es das Eichhörnchen ist, das behauptet ein Säbelzahntiger zu sein. Noch schwieriger wird es bei Komik, die auf der kunstvollen Verwendung von Sprache basieren. Warum ist es komisch, Alliterationen zu verwenden, was ist so lustig am G-Sketch von Heinz Erhardt, bei dem ein eifersüchtiger Ehemann seine Frau mit ihrem Liebhaber erwischt und jedes Wort dieser Szene mit einem „G" beginnt? Warum ist „Voltaren – oder wollt'er schweigen?" komisch?

Nun, auch die Sprache ist so eine Art Respektsperson, sie hat genau definierte Regeln, an die man sich im Großen und Ganzen halten muss. Wer

Brot kaufen will, muss auch „Brot“ sagen und nicht „Tisch“, dann bekommt er nämlich keins. Sprache ist die großartigste und wichtigste Errungenschaft des Menschen, ohne sie geht nichts. Wenn plötzlich diese mächtige Institution Sprache mit minimalem Aufwand (Alliteration, G-Sketch u.v.a.) eine völlig neue Bedeutung bekommt, ist das wieder der König, der durch eine Bananenschale zu Fall gebracht wird, denn das Nebensächliche wird plötzlich zur Hauptsache. So wie der König in dem Moment nicht mehr als König wahrgenommen wird, sondern als jemand, der zu dumm zum Geradeauslaufen ist.

Beim Voltaren-Gag wiederum wird unsere unterbewusste Gewissheit zu Fall gebracht, dass Voltaren nur eine Bedeutung hat. Nun erkennen wir, dass man nicht nur durch korrekten, sondern auch durch den bewusst schnoddrigen, also respektlosen Umgang mit der Sprache Sinn erzeugen kann.

Um im Bild mit dem König zu bleiben: Man dachte, man muss vor ihm niederknien, damit er einem einen Wunsch erfüllt, und nun entdeckt man, dass es man ihm auch genauso gut in den Hintern treten kann. Das macht natürlich viel mehr Spaß.

Zum Schluss sei die Erzeugung von Komik durch Indirektheit erwähnt. Oft wird es dadurch komisch, dass man entweder das Gegenteil von dem, was man meint, sagt (Ironie) oder, indem man sogar, das wichtigste Element weglässt (Vgl. Komik A-Z, Ellipse). Auch das ist ein Schlag ins Gesicht der Institution Sprache, denn das Grundprinzip der Kommunikation besteht ja darin, dass man genau das sagt, was man meint. Dieses Prinzip mit Füßen zu treten und trotzdem damit durchzukommen, ist ein weiterer Tritt vors Schienenbein des Säbelzahntigers.

Was letztlich für Dich komisch ist, hängt immer von Deiner emotionalen Distanz ab. Ein Hypochonder ist lustig für uns, ein echter Kranker nicht unbedingt, obwohl es für die Betroffenen kein Unterschied ist.

Für einen stark gläubigen Christen könnte Rowohlts Rhinozerosgebet überhaupt nicht lustig sein.

Gegen Monty Pythons *Das Leben des Brian* gab es weltweit Proteste von Menschen, die diesen Film kein bisschen komisch fanden. Du musst es schon okay finden, dass darüber Witze gemacht werden, wenn Du darüber lachen willst. Wobei wahrscheinlich jeder einen Bereich hat, wo er keinen Spaß versteht und sagt, „Darüber soll man sich nicht lustig machen."

Andererseits, ganz egal darf Dir der Gegenstand der Komik aber auch nicht sein. Witze über den in Japan religiös verehrten Kaiser, den Tenno, würden hierzulande zwar nicht zu Protesten führen, aber es würde auch niemand drüber lachen.

Jeder Narr kann über andere lachen –

nur ein Weiser über sich selbst.

Samuel Butler

Kapitel 3 – Was ist Humor?

Wie auch beim Begriff Komik ist laut des deutschen Wikipedia noch keine endgültige Definition gefunden worden, was Humor ist und in der Tat, kein Begriff dieses Themenbereiches wird fahrlässiger verwendet als dieser.
Im allgemeinen Sprachgebrauch wird jemand als humorvoll bezeichnet, der witzig ist, aber das wird der Sache nicht gerecht.
Machen wir den Test: Jemand aus Deiner Umgebung macht ständig amüsante Witze über alles um sich herum. Würdest Du ihn als humorvoll bezeichnen? Möglicherweise ja, doch testen wir weiter.
Wenn er selbst mit Witzen konfrontiert ist, die andere über ihn machen, reagiert er verärgert und beleidigt. Auch macht er nie Witze über sich selbst. Ist das eine humorvolle Person? Ich wette, Du sagst jetzt nein.
Was hingegen ist mit einer Person, die zwar nie Witze über andere macht, aber gerne mal über sich selbst? Ist sie humorvoll? So gut wie jeder wird dem zustimmen.
Also: Um humorvoll zu sein bzw. Humor zu haben, ist einzig und allein, entscheidend, ob die Person fähig ist, über sich selbst zu lachen. Genau dort jedoch hört bei vielen der Spaß auf, weil die für das Lachen notwendige Distanz fehlt. Insofern liegt Otto Julius Birnbaum völlig richtig, wenn er sagt: „Humor ist, wenn man trotzdem lacht.“ Nämlich *trotz dem* man selbst betroffen ist. Der Mensch mit Humor schafft es, sich über die eigene emotionale Betroffenheit zu erheben und auf einer geistigen Ebene das Lustige daran zu sehen, ganz so, als wenn es jemand anderem geschehen würde.

Insofern ist Witzig-sein und Humor-haben keineswegs das gleiche, wie so oft angenommen wird, sondern Humor ist die Königsdisziplin der Komik.

Schenke mir eine gute Verdauung, Herr,
und auch etwas zum Verdauen.
Schenke mir Gesundheit des Leibes,
mit dem nötigen Sinn dafür, ihn
möglichst gut zu erhalten.

Schenke mir eine heilige Seele, Herr,
die das im Auge behält, was gut ist und rein,
damit sie im Anblick der Sünde nicht erschrecke,
sondern das Mittel finde,
die Dinge wieder in Ordnung zu bringen.

Schenke mir eine Seele,
der die Langeweile fremd ist,
die kein Murren kennt und kein Seufzen und Klagen,
und lass nicht zu, dass ich mir allzu viel Sorgen mache
um dieses sich breit machende Etwas, das sich „Ich" nennt.

Herr, schenke mir Sinn für Humor,
gib mir die Gnade, einen Scherz zu verstehen,
damit ich ein wenig Glück kenne im Leben
und anderen davon mitteile.

Thomas Morus

Teil II

Comedy von A-Z

Anmerkung: Einige Begriffe (wie Chutney, Frankenstein, F.I.T.O., u.a. sind hier zu Lande – zumindest in der hier beschriebenen Auslegung – unbekannt und werden nur in englischen und amerikanischen Writersrooms verwendet. Aber vielleicht sitzt Du eines Tages in einem solchen, und dann solltest Du wissen, wovon die Kollegen reden.

ACME

Steht in Bugs-Bunny- und Road-Runner-Cartoons als Firmenbezeichnung auf allen Produkten. Die Autoren waren zu faul/schlau, sich jedes Mal einen neuen Firmennamen auszudenken. Also erfanden sie **A C**ompany **Ma**king **E**verything.

Act-out

Wichtiger Bestandteil eines Comedyauftritts oder einer komischen Szene. Analog zu der Drehbuchregel: „Nicht sagen, sondern zeigen." Der Comedian sagt also beispielsweise nicht „Max hat überhaupt nicht kapiert, was ich von ihm wollte.", sondern er sagt: „Darauf Max:" und spielt Maxens Reaktion mit dummen Gesicht: „Häh?!"
Wo immer es geht, sollten in einer komischen Szene oder in einem Comedyauftritt Beschreibungen durch Act-outs ersetzt werden. Es ist sehr viel komischer so. (Vgl. „Form")

Ärger

Du ärgerst Dich oft über alles Mögliche? Großartig! Was für den Rest der Menschheit einfach nur blöd ist, ist für Dich ein Glücksfall. Dein Ärger ist Dein Kapital, Dein nie versiegendes Füllhorn an Comedythemen, denn alles, was Dich ärgert, ist geeignet, um darüber etwas Komisches zu schreiben: Die Steuererklärung; das merkwürdige Muttermal auf Deinem Arm; ein Zahnarzt, der Deinen Termin vergisst... Alles! Probier' es aus.

Angst

Du ängstigst Dich oft über alles Mögliche? Großartig! Was für den Rest der Menschheit einfach nur blöd ist, ist für dich ein Glücksfall. Deine Angst ist Dein Kapital, Dein nie versiegendes Füllhorn an Comedythemen, denn alles, was Dich ängstigt, ist geeignet, um darüber etwas Komisches zu schreiben: Die Steuererklärung; das merkwürdige Muttermal auf Deinem Arm; ein Zahnarzt, der Deinen Termin *nicht* vergisst. Alles! Probier' es aus.

Bananas on Bananas

Wenn auf eine Pointe, die eigentlich der Schluss eines Abschnittes sein könnte, noch eine weitere gesetzt wird, und dann noch eine, und noch eine, kann das großartig sein, aber oft wird nur die erste Pointe verwässert, und das ist dann Bananas on Bananas.

Black/Blackout

Steht oft am Ende in Scripten von Sketchen oder Theaterstücken, weil dort, zumindest am Theater, die Scheinwerfer abgeschaltet werden.

Bombing

Wenn ein Comedian seine Bühnennummer bringt und die Zuschauer nicht lachen. Ein äußerst demütigender Vorgang, der keinem (!) Comedian erspart bleibt. – Siehe auch „Savers".

Bull

Der Begriff wurde von Sid Caesar (in Deutschland praktisch unbekannt, obwohl seine „Your Show of Shows“ zum Besten vom Besten gehört – unbedingt auf Youtube ansehen) geprägt und bezeichnet eine Äußerung, mit der man seinen eigenen Status unbeabsichtigt verringert: „Ich bin schon aus besseren Restaurants als diesem geflogen!“

Catchphrase

Ein Satz, der immer wieder z. B. in einer Sitcom vorkommt und quasi ein Markenzeichen eines Charakters ist, oft als Auftrittssatz. In Sketchsendungen oft überstrapaziert, wenn Figuren reinkommen, den Satz bringen und erst mal ein riesiger Publikumsjubel einsetzt.

Berühmte Catchprases: „And now for something completely different“ (Monty Python), „Live from New York, It's Saturday Night“ (SNL), „Pretty, pretty, pretty good“ (Curb your Enthusiasm), „Oscar, Oscar, Oscar“ (The Odd Couple). „Mein Name ist Bond, James Bond.“, „I'll be back.“ (Schwarzenegger).

Der Übergang zum Running Gag ist fließend: Wenn in *Seinfeld* George Costanza sich in verschiedenen Folgen als Architekt namens Art Vandelay ausgibt, ist es nicht eindeutig, zu welcher Kategorie es zählt.

CBA

“Could be anything.”, Platzhalter für noch nicht ausgearbeitete Idee. Jemand erhält ein Paket, durch dessen Inhalt sich eine komische Szene ergibt. Was ist drin? „CBA. Das überlegen wir uns später.“

Chutney

Unkomischer Text, der im Hintergrund einer Szene stattfindet. Verhält sich zu ausgearbeitetem Dialog wie Komparserie zur Schauspielerei. Der Begriff wurde möglicherweise von den Autoren der Sitcom *Veep* geprägt. Während dort im Vordergrund ein komischer Dialog stattfindet, wird im Hintergrund ernsthaft über ein politisches Thema geredet.

Corpsing

Ein unstillbarer Lachkrampf, der Schauspieler auf Proben oder bei Dreharbeiten befällt. Je mehr sie versuchen, sich zum Ernst-Sein zu zwingen, desto schlimmer wird es.

Gegenmittel: Übertriebenes Lächeln aufsetzen und warten, bis es vergeht

Crosstalk

Crosstalk nennt man ein Gespräch, bei dem (meistens) zwei Personen über zwei unterschiedliche Themen miteinander, aber aneinander vorbei reden, ohne es zu merken, da jeder Satz auf beide Themen passt. Je weiter die beiden Themen auseinanderliegen, desto lustiger ist es. Es ist mit das Schwierigste, was man im Comedybereich schreiben kann. Beispiel:

Die Ehefrau sitzt im Schlafzimmer und schminkt sich ab. Ihr Mann putzt sich im Bad die Zähne. Plötzlich bemerkt er, dass Ameisen aus dem Abfluss in der Badewanne krabbeln.

MANN
Was zum Teufel...?
(Er nimmt eine Zeitung und schlägt einige tot. Weitere Ameisen kommen aus dem Abfluss gekrochen. Er geht zu seiner Frau ins Schlafzimmer und knallt ihr die Zeitung hin, an der einige plattgehauene Ameisen kleben.)
Hier. Jetzt guck Dir das an. Es darf echt nicht wahr sei
(Er geht wieder ins Bad.)

FRAU
(Sieht die Zeitungsschlagzeile:„Amerikaner entsenden Bodentruppen“)
Oh je. Die sind ja wirklich überall.

MANN
(Sucht das Badezimmer nach weiteren Ameisen ab.)
Das kann man wohl sagen.

FRAU
Aber mich wundert‘s nicht, so korrupt wie die sind.

MANN
(Untersucht den Abfluss und hört nicht richtig zu)
Was?

FRAU
Richtig übel sind die.

MANN
Ja, die breiten sich einfach überall aus.

FRAU
Aber was kann man da machen? Vielleicht ein UN-Resolution?

MANN
Sehr witzig, das wird die wohl kaum interessieren.

FRAU
Wahrscheinlich nicht.

MANN
Da hilft nur eins: Gnadenlose Vernichtung!

FRAU
Vernichten? Wie? Etwa alle?

MANN
Natürlich alle. Vor allem muss man die Königin töten.

FRAU
Du meinst, den Präsidenten.

MANN
Ja, meinetwegen auch den Präsidenten.

FRAU
Aber was soll das denn bringen? Dann kommt doch nur ein anderer, der vielleicht noch viel schlimmer ist.

MANN
Die sind alle gleich schlimm, das nimmt sich nichts.

FRAU
Gibt es denn keine andere Lösung? Das sind doch auch Menschen.

MANN

(Schüttelt den Kopf über ihre Naivität)

Ja sicher. - Eins ist klar: Man kann sie nicht alle tot-treten.
Ich glaub', da muss ich richtig aktiv werden.

FRAU *(Ängstlich)*

Wie aktiv? Du selbst? Bist Du wahnsinnig?...

Detonator Word

Das entscheidende Wort eines Gags, das Wort bei dem gelacht wird. Es sollte so spät wie möglich im Satz kommen, möglichst als letztes.

3er-Regel *(John Vorhaus)*

Die Dreier-Regel (natürlich nicht von John Vorhaus erfunden, aber von ihm so genannt) erklärt, wie man einen Gag konstruieren kann. In dem man nämlich erst mit zwei gleichartigen Dingen eine Erwartungshaltung aufbaut bzw. ein nachvollziehbares Muster erzeugt und dann mit dem dritten Punkt etwas Unpassendes bringt. Auch wieder eine oberflächliche Kann-Regel, die nur gilt, wenn man selbst einen Bezugsrahmen konstruiert. Vieles ist aber sofort komisch, weil der ernsthafte Bezugsrahmen bereits existiert.

Doubletake

Komödiantische Spieltechnik, bei der jemand zunächst etwas gleichmütig hinnimmt, und dessen wahre Bedeutung erst eine Sekunde später, um so überraschter bemerkt wird. Sehr oft verwendet von Oliver Hardy.

Es gibt auch eine moderne Variante des Doubletakes, die im Gegensatz zu jenem sehr viel realistischer, aber nicht weniger komisch ist. Ein schönes Beispiel ist in der TV-Serie *Extras* von und mit Ricky Gervais zu beobachten: Ein übermäßig von sich selbst eingenommener Schauspieler erzählt Gervais, dass er die geheime Insiderinformation hätte, dass die Abkürzung SAS (vergleichbar mit der deutschen GSG 9) nicht, wie alle dächten „Special Air Service“ bedeute, sondern in Wahrheit „Super Army Soldiers“.

Gervais lacht höflich über den vermeintlichen Witz und dann erstirbt sein Lachen, als ihm bewusst wird, dass sein Gegenüber dies ernst meint.

Ellipse

In der Linguistik das Weglassen eines Satzteils, der auf Grund des Kontexts entbehrlich ist. (Ich fahre nach Rom, Du (es fehlt: „fährst“) nach Lissabon.)

In der Komik bezeichnet der Begriff ebenfalls den Umstand, dass etwas weggelassen wird und auch hier wird verstanden, um was es sich handelt, aber hier handelt es sich um etwas Wichtiges.

Beispiel: In der Geschichte *Kettenreaktion (*aus: *Drehen Sie sich um, Frau Lot!)* von Ephraim Kishon heißt es: „Ursprünglich hatte ich Bildhauer gelernt und war infolgedessen als Nachtwächter tätig, bevor ich den Beruf eines Schriftstellers ergriff. Und vielleicht wäre ich immer noch Elektrotechniker, wenn uns die Spiegels damals nicht eingeladen hätten.“

Das Umsatteln vom Schriftsteller zum Elektrotechniker lässt er weg. Man merkt sofort, dass etwas fehlt, was auf den Leser eine komische Wirkung hat.

Nicht immer muss die komische Ellipse eine sprachliche sein: In dem James Bond-Film *Der Hauch des Todes* muss Bond gemeinsam mit einer Cellospielerin aus Prag fliehen. Sie verlangt, dass er mit ihr vorher nochmal zu ihrer Wohnung fährt, um ihr wertvolles Cello zu holen. Er ist strikt dagegen, weil es zu gefährlich ist. Es entspinnt sich ein kleiner Disput, den Bond mit einem autoritären „Auf keinen Fall!“ beendet. Die Sache scheint klar zu sein. Doch sofort folgt der Schnitt, der die beiden vor ihrer Wohnung zeigt. Anscheinend hat sie in der Zwischenzeit umgestimmt, was aber nicht gezeigt wird, sondern nur das Ergebnis, das im krassen Widerspruch zur vorigen Szene steht.

Auch wieder ein Beispiel, dass Komik nichts als Form ist. Der gleiche Inhalt, aber anders erzählt (Er ist erst dagegen, aber sie stimmt ihn um) ist überhaupt nicht komisch.
Entscheidend bei der komischen Ellipse ist, dass die Komik nicht entsteht, *obwohl* etwas weggelassen wird, sondern *weil* es wegelassen wird. Durch das Hinzufügen des Fehlenden würde die Komik zerstört; oder wie Ernst Lubitsch es formulierte: „Wenn ich dem Publikum zwei und zwei sage, muss ich ihm nicht auch noch vier sagen."

Fallhöhe – Das Kernprinzip aller Komik!

Der Unterschied zwischen Anspruch und Wirklichkeit. Beispielsweise hat der König den Anspruch, eine würdige Respektsperson zu sein; wenn er aber auf einer Bananenschale ausrutscht, ist es aus mit seiner Würde.
Jede Form der Komik enthält eine Fallhöhe, nur ist diese oft sehr schwer zu entdecken. Nicht immer erscheint die „Höhe" als Person. Siehe auch ausführliche Erörterung in 1. Teil des Buchs „Was ist Komik?"
(Die komische Fallhöhe ist nicht identisch mit derjenigen, von der Charles Batteaux in seiner Abhandlung über das bürgerliche Trauerspiel spricht, und die für ihn darin besteht, dass nur Personen des Adels so tief fallen können, dass es tragisch ist, während Vertreter des Bürgertums (und darunter) gar nicht genug zu verlieren hätten, als ihr Fall tragisch sein könnte. Shakespeare sah es wohl genauso. Seine Tragödien handeln von Adeligen, seine Komödien nicht.)
Über das Prinzip Fallhöhe lässt sich Komik geradezu industriell herstellen.

Übung:

Erstelle zwei Listen.

A Eine mit hochangesehenen/respektierten/gefürchteten Objekten/Personen/Prinzipien

B eine zweite mit nicht respektierten/besonders harmlosen/verachteten Objekten/Personen/Prinzipien
C Bring beides zusammen.

Faule Autoren

Bei *The Big-Bang-Theorie* fängt gefühlt jede dritte Szene so an: Zwei Personen sitzen im Auto und der Beifahrer sagt zum Fahrer: „Nochmal Danke, dass Du mich zum Arzt/Friseur/Einkaufen fährst."

Warum ist das so schlimm? Weil diese Person, das nicht sagt, weil sie es sagen will, sondern, um dem Zuschauer eine Information zu geben. Natürlich ist die Information notwendig, aber sie muss so vermittelt werden, dass sie aus der inneren Logik der Figuren entspringt, und das möglichst unauffällig. Wenn sie dabei noch komisch präsentiert wird, umso besser. Vielleicht so:

Howard: Warum musst Du so dringend eine weiße Bluse kaufen? Du hast doch schon zwei weiße Blusen.

Bernadette (wütend): Red' keinen Quatsch. Ich hab' elf.

Howard: Dann erst recht: Warum brauchst Du noch eine, wenn Du schon elf weiße Blusen hast?

Bernadette (wütend): Die haben das falsche Weiß.

Auch in der ansonsten hervorragend geschrieben Sitcom *Seinfeld* kommen Stellen vor, die möglicherweise erst in letzter Sekunde vor dem Dreh aus Gründen der Klarheit eingesetzt wurden, nämlich wenn Nebenfiguren aus früheren Folgen erwähnt werden, bei deren Namensnennung sich vielleicht nicht jeder Zuschauer sofort an sie erinnern kann. Leider oft etwas sperrig, etwa in der Art:

Jerry: Ich muss zu Marvin Miller.

George: Dein Steuerberater?

Jerry: Ja.

Nicht schön. Wenn George es weiß, warum fragt er dann?

Besser wäre so etwas:

Jerry: Ich muss zu Marvin Miller.

George: Dieser Blödmann? Was willst Du denn von dem?

Jerry: Hm, was könnte ich wohl von meinem Steuerberater wollen, George?

George: Dass er Deine Steuererklärung macht?

Jerry: Bingo.

Ein schönes Beispiel für den Text eines faulen Autors findet sich auch weiter oben, unter dem Stichwort „Angst".

F.I.T.O.

Steht für "Funny In The Office". Ein Gag, der bei der Autorenbesprechung allgemein belacht wurde, aber eben nur im Kontext dieser Besprechung, der aber dem späteren Publikum natürlich unbekannt ist.

Form

Wenn Du Dir aus diesem Buch nur eine Sache merkst, dann diese hier:

Komik ist Form!

Inhalt ist nichts!

Form ist alles!

Das kann man gar nicht oft genug betonen.

Wie bei einer Zwiebel, von der, nachdem man Schicht um Schicht entfernt hat, nichts mehr übrigbleibt, so ist auch die Komik verschwunden, wenn wir die Form vom Inhalt lösen. Wenn beispielsweise Harald Schmidt sagt: „Pavarotti - das sind zwei von den drei Tenören..." dann ist das lustig. Doch was ist der Inhalt dieses Gags? Pavarotti ist so dick, wie die zwei an-

deren Tenöre zusammen. Wenn wir es jedoch so formulieren würden, ist es nicht mal mehr ansatzweise lustig, obwohl der Inhalt derselbe ist.
Aus diesem Grund geht es auch fast immer schief, wenn man jemandem eine lustige Stelle aus einem Film erzählen will, denn man transportiert dabei nur den Inhalt und nicht die Form. Auch erklärt es, warum viele Leute keine Witze erzählen können, es nützt nichts, den Inhalt oder sogar den exakten Wortlaut des Witzes wiedergeben zu können, nur in der richtigen Form gebracht ist er komisch. Schon ein Wort zuviel bei der Schlusspointe, ja selbst eine Silbe zuviel, ein Atmer an der falschen Stelle, eine fehlende (oder zusätzliche) Pause kann alles zunichte machen. Aus diesem Grund ist es auch nahezu sinnlos, jemandem einen Gag zu erklären, den er nicht verstanden hat. Einen Lacher erntet man so nicht, bestenfalls ein „mühsam gelächeltes „Ach sooo“.

Übung:
Sieh Dir auf Youtube einen Stand-Up-Comedian an und reduziere jeden seiner Gags (auch die Visuellen) auf seine sachliche Aussage.

Übrigens können sehr viele Zuschauer nicht zwischen Form und Inhalt unterscheiden. Als beispielsweise in Berlin das Mel-Brooks-Musical *The Producers* lief, haben es sich viele nicht angesehen, und zwar weil darin Hitler vorkam. Sie seien gegen Hitler, war ihr „Argument“. Nun handelt dieses Musical allerdings keineswegs von Hitler, sondern von zwei Broadway-Produzenten, die einen Weg gefunden haben, viel Geld zu ergaunern, wenn Sie ein Musical produzieren, das garantiert ein Misserfolg wird. Zu diesem Zweck suchen sie das schlechteste Stück der Welt und finden es in einem Hitler-Verherrlichungs-Machwerk eines Alt-Nazis. Um ganz sicher zu gehen, dass es ein Flop wird, engagieren sie auch noch den schlechtesten Regisseur, der sich finden lässt, welcher das ernstgemeinte Stück zum Musical umarbeitet. The Producers (geschrieben von dem jüdischen Komiker Mel Brooks) ist bestimmt alles Mögliche, aber mit Sicherheit kein Stück, dass auch nur die geringsten Sympathien für Adolf Hitler hegt.

Frankenstein (Verb)

Mehrere geschriebene Szenen auf unelegante Weise verbinden, um einen ersten Eindruck vom Gesamtbild zu haben.

Fridge joke oder auch **Refridgerator Logic**

Ein Gag, den der Zuschauer zunächst nicht versteht. Erst später, wenn er z. B. zum Kühlschrank geht, kommt ihm plötzlich die Erleuchtung.

Funny Bones

Wer Funny Bones (komische Knochen) besitzt, hat die Komik im Blut und hat damit die Eigenschaften für diesen Beruf, die man auch mit noch so viel Fleiß ebenso wenig erlernen kann, wie das Geigenspiel ohne Geige. Ein wichtiger Bestandteil der Funny Bones ist das **Timing**, ein musikalisches Gefühl für Komik, das einen Comedian befähigt, seine Pointen im exakt richtigen Moment zu setzen. Schon eine halbe Sekunde zu spät oder zu früh kann alles zunichte machen.

Gagdichte (hohe/niedrige)

Bezeichnet, wie schnell die Gags in einem Werk aufeinander folgen.

Gerbeau

Ein Gag, den außer dem Autor wahrscheinlich keiner bemerkt. Da er aber auch nicht stört, lässt man ihn drin.

Googeln

Du hast eine tolle Idee für ein noch nie dagewesenes Wortspiel, das Dich zu einem ernsthaften Kandidaten für den nächsten Comedy-Nobelpreis macht? Wunderbar! – Dann gib es mal bei Google ein. – Wie? Was? 1069785 Menschen hatten bereits vor Dir dieselbe Idee? – Das ist bitter, aber immer noch besser, als eine Idee bringen, die schon 1069785 Menschen vor Dir hatten. Trotzdem: Bevor es Google gab, war's schöner.

Gorilla

Ein Moment, an den sich die Zuschauer nach der Show erinnern. Je mehr man davon hat, desto besser. Sehr oft sind „Gorillas" visuell, was ja auch leichter zu merken ist, als ein ausgefeilter Dialog. Beispielsweise, wenn Basil Fawlty seinem liegengebliebenem Auto droht, damit es wieder anspringt und es – als es nicht gehorcht – bestraft, in dem er wütend mit einem belaubten Baumzweig darauf einprügelt.

Hack

Comedymaterial über ein tausendfach dagewesenes Thema, dessen Inhalt voraussehbar ist, z. B. die Unterschiede zwischen Männern und Frauen.

Hat On A Hat

Wenn zwei komische Dinge gleichzeitig passieren und gegenseitig voneinander ablenken. So traurig es ist, eins davon muss weg.

Headwriter

Chefautor eines TV-Formats.

Heckler

Ein Zuschauer, der absichtlich eine Liveperformance stört.
Viele Comedians vertreten die Ansicht, dass man nie auf sie eingehen sollte, weil das Ganze sonst eskalieren kann. Da ist zwar was dran, aber manchmal sind die Störungen einfach zu massiv, um darüber hinwegzugehen. Die einfachste Methode, den Heckler zum Schweigen zu bringen, oh-

ne in irgendeiner Weise unsympathisch zu werden, ist, ihm Warum-Fragen zu stellen. Und zwar solange bis er nicht mehr weiterweiß. Jeder, der kleine Kinder hat, weiß wie schnell dieser Punkt erreicht ist.

High Concept

Eine Film- oder TV-Serien-Idee in nur einem Halbsatz, bei dem jeder dennoch sofort ein Bild vor Augen hat:

Ein Pinguin als Sherlock Holmes.
Jim Carrey als Abraham Lincoln.
Ein Zombiefilm als Musical
Stirb langsam in einem Zug

Das Problem beim High Concept ist, es sagt nichts über die Qualität des späteren Werkes aus. Denn es bezieht sich auf den Inhalt und nicht die Form, die – wie wir inzwischen wissen – das entscheidende Element ist. Gerade komplexe Filme lassen sich schlecht highconcepten. Was wäre das High Concept einer der besten Komödien aller Zeiten: *The Big Lebowski*? Lässt sich da überhaupt eines erstellen? Und falls man es einigermaßen hinkriegt, klingt das attraktiv? Und falls es halbwegs attraktiv klingt (z. B. Ein paar Loser aus L.A. werden in eine Entführung verwickelt) hat man dann eine Vorstellung, die dem fertigen Film auch nur entfernt nahekommt? – Nein, denn entscheidend ist doch vielmehr, dass es ein Film der Coenbrüder ist.
Sinnvoller also als nach dem High Concept eines Projektes zu fragen, wäre also sich nach dem Autor, dem Regisseur und dem Hauptdarsteller zu erkundigen, so wie es z. B. der US-Sender HBO macht, der einem genialen Künstler wie Larry David völlig freie Hand lässt, zu drehen, was er will, weil die Leute von HBO ihm einfach künstlerisch vertrauen.

Hochkomik

Ein von Robert Gernhard geprägter Begriff, der eine oft nonsenshafte Komik bezeichnet, die stark intellektuell, selbstreflexiv und selbstreferentiell (siehe „Meta-Ebene“) ist.

Hommage

Zitate (textlicher, bildlicher oder akustischer Art), die in Deinen Werken vorkommen und die Du Werken anderer Künstler entnommen hast. Nicht zu verwechseln mit Diebstahl. Denn während Du beim Diebstahl hoffst, dass keiner das Original kennt (Lass es! Irgendwer kennt es immer.), ist die Hommage, wie auch die Parodie, nur dann wirksam, *wenn(!)* das Publikum das Original kennt. (Siehe auch „Stehlen“)

Homerisches Gelächter

Das was wir mit unserer Arbeit erreichen wollen: Nicht endenwollendes Gelächter.

Ideen

Die scheinbar besten Ideen sind fast immer die schlechtesten. Man packe eine Handvoll Comedyautoren in einen Raum und lasse sie auf der Suche nach lustigen Ideen rumspinnen. Die Idee, bei der sie alle gemeinsam vor Lachen vom Stuhl fallen, ist mit hoher Wahrscheinlichkeit die schlechteste von allen. In der Comedy gilt noch mehr das, was auch für Drehbücher gilt: Ideen, bei denen jeder sofort begeistert ruft: Genial, das wird ein Hit, haben meist keine Tragfähigkeit und können nicht gut ausgebaut werden. Man erlebt das oft auch bei Auftritten von Improtheater-Spielern, die ihr Publikum um Spielvorgaben bitten: Eine superkreative Publikumsidee wie: „Schwuler, rechtsradikaler Zombie leitet ein Heim für Kängurus mit Alzheimer auf dem Mars“ bekommt im Publikum mit Sicherheit einen großen Lacher, aber nicht, weil die Idee so gut ist, sondern, weil sie so schlecht ist. Daraus lässt sich nicht wirklich etwas machen, denn es ist einfach nur Blödsinn ohne jeden Bezug zur Realität. Das wirkt sehr schnell ermüdend. Dagegen ist ein staubtrockenes Konzept wie „superordentlicher Mann muss mit superunordentlichem Mann in einer Wohnung leben“ (also das Konzept von Neil Simons *Ein seltsames Paar)* tragfähig genug für ein Theaterstück, mehrere Kinofilme und TV-Serien.

Merke: Die wirklich guten Ideen klingen oft nicht besonders aufregend. Entscheidend ist – man kann es nicht oft genug wiederholen – *wie* sie umgesetzt werden. (Vgl. „Form“)

Wenn man dringend eine Idee braucht, empfiehlt es sich, in eine Art Empfangsmodus zu schalten und mit offenen Augen durch die Welt zu gehen. Alles kann dann Inspiration sein, z. B. die Themen auf den Zeitschriften eines Kiosks.

Wichtig ist nur, erstmal einen Fuß in die Tür des ungeschriebenen Textes zu bekommen. Egal wo und wie. Gemäß des berühmten Satzes des Archimedes „Gebt mir einen Punkt, wo ich fest stehen kann, und ich hebe die Welt aus den Angeln“, brauchst Du nur einen Ansatzpunkt. Irgendeinen! Du kannst bei einer extremen Charaktereigenschaft Deiner Hauptfigur ansetzen, die ihr im Wege steht, ihre Ziele zu erreichen. Oder bei dem Ort, wo es spielen soll. Oder der Jahreszeit. Der Tageszeit. Dem Jahrhundert. Du musst Dich nur für irgendetwas entscheiden. Du brauchst eine Basis, von der Du starten kannst und von der Du Dich dann Stück für Stück voran arbeitest. Erwarte nicht, dass es gleich toll ist. Das ist es in den seltensten Fällen. Darauf darf man nicht rechnen, so wie man für sein finanzielles Budget ja auch nicht jeden Monat einen Lottogewinn mit einplanen darf. Nein, zu Anfang ist Dein Text irgendwo zwischen *absoluter Käse* und *ganz nett*. Das ist völlig okay. Daran musst Du dann arbeiten. Wie sagte Literaturnobelpreisträger Ernest Hemingway: „Ich kann nicht schreiben, nur feilen.“

Einer der besten Tipps dieses Buches, den ich bei allen meinen Romanen – mit Ausnahme von *Mein Meisterwerk*, (der komplett improvisiert ist, was auch geht und somit in totalem Widerspruch zu diesem Abschnitt steht, aber trotzdem wahr ist und sich am besten mit einem Zitat aus dem Coen-Film *A serious Man* ertragen lässt: „Accept the Mysterium"*)* – angewendet habe, der aber auch für Sketche, Sitcoms und Drehbücher gilt, ist folgender: Überlege Dir zuerst, welche grandiosen Momente Du auf jeden Fall drin haben willst. Egal, wie realistisch es Dir scheint, dass sie sich einbauen lassen. Entscheidend ist nur, dass sie Dich begeistern. Denn wenn sie Dich begeistern, werden sie auch eine Menge anderer Leute begeistern, nämlich all diejenigen, die genauso ticken wie Du. Insbesondere der Schluss sollte Dir klar sein. Zur Not *nur* der. (Buster Keaton hat auf diese Weise übrigens alle seine Filme gedreht: Er hatte nur den Schluss geschrieben und den ganzen Rest während der Dreharbeiten entwickelt). Nachdem Du das getan und Dich vielleicht auch auf eine Reihenfolge dieser grandiosen Momente festgelegt hast, überlege Dir, wie Du zu diesen Momenten gelangst. Nun hast Du Ziele, auf die Du hinarbeiten kannst, statt im Nebel der Ungewissheit herumzuirren. Das Tolle ist, ein Großteil Deiner Handlung *muss* nun so und so sein, es geht gar nicht anders, wenn Du zum nächsten Zielpunkt gelangen willst. Du wirst sehen, wie sehr das die Dinge erleichtert.

Natürlich muss nicht alles, was Du da einbauen willst grandios sein, zusätzlich kannst Du festlegen, dass bestimmte Kleinigkeiten auftauchen müssen, die Du drin haben möchtest. Ja, bei einem kurzen Text, wie einem Sketch, kann es auch mal ausschließlich um so eine Kleinigkeit gehen. Ich wage es kaum zuzugeben, aber eine Reihe Sketche meiner Radiocomedy *Küss mich, Kanzler* habe ich geschrieben, in dem ich mich gefragt habe, welches lustige Geräusch darin vorkommen könnte. – Billig, ich weiß, aber es sind nicht gerade die schlechtesten Folgen, auch wenn es nur um quietschende Schuhe oder Schluckauf geht. (Allerdings sind Radiocomedys nur neunzig Sekunden lang. Einen abendfüllenden Spielfilm würde ich nicht auf Schluckauf aufbauen. – Oder vielleicht doch???)

Ein weiterer Trick, eine Handlung zu bauen, ist einer, der nach meiner Beobachtung sehr oft bei den *Simpsons* angewendet wird: Man geht von einem Punkt der Handlung immer weiter zurück, bis man auf die gewünschte Länge kommt, indem man sie zwei Fragen stellt: Wie und/oder warum? Beispiel: Homer liegt müde auf dem Sofa. Nun könnte Bart kommen und ihn stören, woraus sich ein Streit entwickelt, der immer weiter eskaliert. Nehmen wir an, damit lassen sich fünf Minuten füllen und es endet am Schluss der Folge. Nun fehlen noch siebzehn Minuten. Jetzt kann man sich die Frage stellen, *Warum* ist Homer so müde, bzw. *wovon?* Da gibt es jetzt tausend Möglichkeiten. Zum Beispiel: Er ist krank, er hat in der Nacht nicht geschlafen oder er hat sich gerade sehr angestrengt. Ich entscheide mich für die letzte. Es folgt die Frage: *Womit hat er sich so angestrengt?* Auch hier wieder zig Möglichkeiten. Ich entscheide mich für das Erstbeste, was mir einfällt: Er hat seinen Garten umgegraben. Eine mehrminütige Szene zeigt, *wie* er das getan hat. Mögliche Komplikationen: Er sucht erst die Schaufel und findet sie nicht, wo sie sein müsste, der Hund stört ihn beim Graben, er macht dauernd Pausen, um Bier zu trinken, Mücken stören ihn, Nachbar Ned Flanders gibt über den Zaum ungebetene Ratschläge… Die Liste der Möglichkeiten ist endlos. Nächste Frage: *Warum hat er seinen Garten umgegraben?* Ich entscheide mich für: Weil er nach einem Schatz sucht. *Warum?* Weil es in einem geheimnisvollen alten Buch steht. *Woher hat er das Buch?* Von einem Mann, den er in Moes Kneipe getroffen hat. Ist die Folge nun zweiundzwanzig Minuten lang? Immer noch nicht? Dann weiter: *Warum geht er zu Moe?* Weil er Streit mit Marge hatte. Ist die Folge jetzt lang genug? Immer noch nicht? Also nächste Frage: *Warum hatte er Streit mit Marge?* Du siehst, es lässt sich endlos so weiterführen und diese Fragen lassen sich sehr viel leichter beantworten (über keine meiner Antworten darauf, habe ich mehr als zwei Sekunden

nachgedacht) als wenn man von vorne anfängt und sich nach jeder Szene fragt: Was passiert dann?
So ungewöhnlich diese Vorgehensweise auch auf den ersten Blick wirken mag, genaugenommen ist sie es gar nicht. Auch im täglichen Leben ist es ratsam, sich erst ein Ziel zu setzen, und dann zu überlegen, wie man dort hinkommt, statt erst mal loszugehen, immer weiter und weiter und dann zu sehen, wo man ankommt. Natürlich kann es geschehen, dass man am Ende an einem Ort gelangt, von dem man noch nie gehört hat und der großartiger ist, als alles, was man sich je erträumt hat, wohlgemerkt: *kann.* Wahrscheinlicher ist aber, dass man in irgendeinem langweiligen Vorort landet, wo sich Fuchs und Hase gute Nacht sagen. Oder wie es die spanischen Seefahrer schon vor Jahrhunderten formulierten: „Wer kein Ziel hat, für den ist jeder Wind der falsche."

Inspiration

Inspiration ist wie Geld auf der Straße finden. Es ist schön, wenn es passiert, aber davon kann man seinen Lebensunterhalt nicht bestreiten. Der Profi setzt sich ohne Idee hin, bleibt sitzen, bis ihm was einfällt und feilt, bis es gut ist.
Andererseits hat ein Künstler täglich eine Reihe von Ideen zu allem Möglichen. In der Regel notiert er sich das für „irgendwann mal". Das ist aber ein Fehler, denn so wächst der Ideenberg im Laufe der Zeit ins Unermessliche. Hier mein Tipp, der – obwohl extrem simpel – allein schon das Geld für dieses Buch wert ist: Prüfe jede Idee, ob sie sich nicht in irgendeiner Form für das Projekt verwenden lässt, an dem Du gerade arbeitest. (Ich wünschte diesen Rat hätte man mir vor einigen Jahrzehnten gegeben!)

Interviews

Wenn Du ein Interview gibst, wird von Dir, als jemand, der im Comedybereich tätig ist, erwartet, dass Deine Äußerungen witzig sind. Während allerdings die Interviewer glauben, dass Komiker vierundzwanzig Stunden am Tag lustig sind, wissen Du und ich, dass man das, was man später so leichthin aus dem Ärmel schüttelt, vorher hineintun muss. Darum sind sich viele Comedians, wie beispielsweise John Cleese, keineswegs zu schade, den Interviewpartner darum zu bitten, die Fragen schon vorab zugeschickt zu bekommen. Leider scheinen viele Journalisten unter dem Eindruck zu stehen, permanent knallhart recherchieren zu müssen, um dem Interviewten die heuchlerische Maske vom Gesicht zu reißen, mögen sich doch dahinter Abgründe von Watergate'schen Ausmaßen verbergen. Solche Journalisten sind geradezu beleidigt, wenn man mit so einem Ansinnen an sie herantritt. In solchen Fällen ist es dringend geboten, sich im Vorfeld zu überlegen, was für Fragen kommen könnten und entsprechend witzige und geistreiche Antworten zu schreiben. Natürlich lässt sich nicht alles voraussehen, aber Fragen wie „Warum gerade dieses Thema?" oder „Wie kommt man darauf?", „Haben Sie das selbst erlebt?" kommen immer wieder. Wenn Du von einer Frage kalt erwischt wirst und Du nur unzusammenhängendes Zeug herausbringst, nutze zumindest die Gelegenheit, Dir im Nachhinein eine gute Antwort zu überlegen, die Du dann beim nächsten Mal, wenn die Frage kommt, verwenden kannst.

Es wird einige Dinge geben, die Dir wichtig sind und die Du im Interview unbedingt sagen willst. Überlege Dir, wie Du praktisch von jeder beliebigen Frage dazu überleiten kannst. Sieh Dir dazu auch Interviews mit Politikern an, die diese Technik meisterhaft beherrschen.

Sei auch darauf vorbereitet, dass der Interviewer in seine Fragen Aussagen hineinpackt, denen Du nicht zustimmst. „Ihr letzter Film war ein totaler Flop, wie wollen Sie das bei Ihrem nächsten Film verhindern?" So etwas darfst Du nicht so stehen lassen, sondern musst vor Deiner eigentlichen Antwort darauf eingehen.

„Wahrscheinlich spielen Sie auf die *eine* schlechte Kritik in der XY-Zeitung an, aber ansonsten waren die Kritiken übereinstimmend positiv und die Zuschauerzahlen waren geradezu phantastisch."

Ironie

Das Gegenteil von dem sagen, was man eigentlich meint, um einen komischen Effekt zu erzielen. Eine besonders elegante Form der Komik, die jedoch leider fast nie verstanden wird, wenn der Adressat nicht schon vorher weiß, dass nun etwas Lustiges kommt, wie wenn er zum Beispiel eine Comedyshow sieht. Ansatzlos aus der Hüfte geschossene Ironie geht oft daneben, insbesondere, wenn es sich um Selbstironie handelt und man sich damit dümmer stellt als man ist. Leider sind erschreckend viele Menschen sofort bereit zu glauben, dass man wirklich so dumm ist. In Deutschland ist dies sogar besonders weit verbreitet, da uns die angelsächsische alltägliche Tradition, Komik ins Gespräch einzuflechten fehlt. Nicht umsonst haben Jean Paul und Heinrich Heine gefordert, dass man ein spezielles Satzzeichen für Ironie einführen sollte (es ist allerdings nicht ganz auszuschließen, dass sie dies ironisch gemeint haben) und inzwischen gibt es auch tatsächlich das sogenannte Ironiezeichen. Es sieht so aus: ⸮

Es zu benutzen wäre allerdings nicht sinnvoll, weil der komische Effekt der Ironie ja gerade darin besteht, dass der Adressat die Erkenntnis, dass eigentlich das Gegenteil gemeint ist, selbst vollziehen muss. (Vgl. Ellipse)

Es existieren zwei Arten der Ironie: Sarkasmus und Zynismus. Während Sarkasmus die ethisch positive Form ist, könnte man den Zynismus als *die dunkle Seite der Macht* bezeichnen. Sarkasmus kritisiert ironisch das Kritisierenswerte, der Zynismus begrüßt es und profitiert davon. Sarkasmus geschieht aus der Opferperspektive, Zynismus aus der Täterperspektive.

Beispiel: Max haut Moritz mit dem Hammer auf den Kopf.

Moritz: „Nur weiter so, Hauptsache du hast Spaß." (Sarkasmus)

Max: „Na, das gefällt dir doch, oder?" (Zynismus)

Keiner weiß Bescheid

Dies ist die Goldene Regel des Showbusiness, welche der Drehbuchautor William Goldman in seinem für jeden Autor und Regisseur höchst empfehlenswertem Buch *Das Hollywoodgeschäft* formuliert. Redakteure, Regisseure, Produzenten, Lektoren, Künstler. Keiner kann wirklich sagen, „so geht's oder so geht es nicht, das wird erfolgreich sein oder das nicht". Keiner. Auch Du nicht, ja selbst ich nicht. (Womit alle etwaigen Unzulänglichkeiten in diesem Buch entschuldigt sind.) Wieviel Filme sind gefloppt, obwohl eigentlich alle Beteiligten alles richtig gemacht haben? Andererseits gibt es Superhits, an die im Vorfeld keiner glaubte. Nur ein winziges Detail, dem man keine Beachtung schenkt oder es schlicht übersieht, kann alles ändern und manches ist einfach nicht erklärbar. Wie vielen großen Stars wurde am Beginn ihrer Karriere von hochkompetenten Leuten ihre totale Talentlosigkeit bescheinigt?

W. C. Fields trat eine Weile lang in einer Theaterkomödie auf, in der er ein Telefonat führte. Die meiste Zeit redete der Mann am anderen Ende der Leitung und Fields antwortete nur mit Sätzen wie „Ach wirklich, Bill? – „Ist ja interessant, Bill. – „Kaum, zu glauben, Bill." Usw. Als er schließlich auflegt, sagt er zu den Anwesenden: „Das war Bill." Ein guter Lacher, aber *gut* war Fields nicht gut genug. Darum probierte er die Nummer jeden Abend mit einem anderen Namen, um zu sehen, welcher den größten Lacher bringt. Es stellte sich heraus, dass es der Name *Elmer* war, den er von da an verwendete. Warum hat er ihn nicht von vorneherein verwendet? Weil keiner Bescheid weiß.

Also glaub an Dich und Deine Ideen. Je mehr Leute Dir reinreden, desto schlechter wird's, denn Deine ursprüngliche Vision wird verwässert, oft von Leuten, die sich von Deinem Text zwar zu weiteren – anderen – Ideen inspirieren lassen, aber selbst niemals in der Lage wären, etwas aus dem

Nichts zu erschaffen. Haben Shakespeare, Dostojewski oder Goldoni ihre Werke einer Redaktion vorgelegt? Nein, sind aber trotzdem ganz gut geworden. An den späteren Filmen von Buster Keaton oder den Marx Brothers kann man sehr (un-)schön sehen, was passiert, wenn die Künstler die Kontrolle über ihre Werke abgeben.
Glaub an Deine Arbeit, auch wenn es sonst keiner tut, aber wundere Dich auch nicht, wenn Dein Plan komplett schief geht: damit bist Du in bester Gesellschaft, selbst Genies wie Steve Martin, Ricky Gervais, Peter Sellers u.v.a. haben neben ihren Meisterwerken schwächere und zuweilen ganz schwache Werke abgeliefert.

Killing Kittens

Kätzchen töten. Gags entfernen, die zwar wunderbar sind, aber nicht richtig in die Story passen. Auch bekannt als „Kill your Darlings."
Es gibt jedoch einen Ausweg, so einen Gag oder so eine Szene zu retten, indem man sie – zumindest in einem Spielfilm – vor den Vorspann setzt. So geschehen zum Beispiel in *Casino Royale (1967)* und in *Der große Blonde mit dem schwarzen Schuh.* Beides Mal wird dort eine Szene präsentiert, die zwar thematisch mit der Haupthandlung zusammenhängt, aber nirgendwo sinnvoll im Film präsentiert werden könnte. Da aber der Zuschauer noch nicht weiß, was kommt, nimmt er die Szene erstmal einfach so hin und dass sie eigentlich sinnlos bzw. überflüssig ist, fällt ihm rückwirkend nicht auf.

Kürzen, kürzen, kürz

Es gibt eine alte Regel für Sitcomautoren (Wenn Du Dir nur eine Sache aus diesem Buch merkst, dann diese): Prüfe bei jedem Satz, ob er entweder komisch oder für das Verständnis der Handlung notwendig ist. Wenn keins von beidem der Fall ist, fliegt der Satz ohne wenn und aber raus – auch wenn er noch so schön ist.

Das gilt aber nicht nur für Sitcoms. Prüfe immer, ob es nicht auch noch kürzer geht. Jeder Halbsatz, jedes Wort, jede Endsilbe muss auf den Prüfstand. Weniger ist mehr. Je kürzer Du Deinen Gag auf den Punkt bringst, desto witziger ist er. Vergiss nicht: In der Komik ist die Form alles und tausendmal wichtiger als der Inhalt.

In meiner Radiocomedy *Küss mich Kanzler* steht fast immer „hab'" statt „habe". „Red'" statt „rede", „woll'n" statt „wollen", u.v.m. Anders wäre es zu breit und weniger komisch. Die Vorgehensweise, es gleich so zu schreiben, wie Du meinst, dass es präsentiert werden muss, empfiehlt sich dringend, da Du nicht damit rechnen kannst, dass Schauspieler und Regisseure von selbst drauf kommen. Das musste ich selbst leidvoll lernen, als mehrere sehr bekannte Sprecher einige meiner Radiosketche spielten und diese plötzlich nicht mehr lustig waren und zwar einzig und allein deswegen, weil sie alle Endsilben deutlich aussprachen, statt sie – wie von mir gedacht – wie im wirklichen Leben zu verschleifen. Damit wurde alles zu schwerfällig und das Timing war im Eimer.

Lampshading

Wörtlich: Lampenschirmen. Gemeint: Den Lichtschein etwas abschwächen. Ein Mangel des Werkes in diesem selbst ansprechen, bevor es der Zuschauer tut.

In der Sitcom *Veep* gibt es zahlreiche Personen, die sich beleidigend über real existierende Personengruppen äußern. Ein Großteil ihrer Komik beziehen diese Figuren aus diesem Verhalten. Da der Sender aber nicht mit Protesten wütender Zuschauer überschwemmt zu werden wünscht, baut man eine Sicherheitskomponente ein. Spricht beispielsweise ein Politiker über „Indianer", raunt ihm ein Assistent hektisch zu: „Das heißt jetzt Amerikanische Ureinwohner". Die Macher der Sendung teilen so dem Zuschauer subtil mit „WIR wissen natürlich, wie man es politisch korrekt ausdrückt, nur diese dumme Figur nicht."

Auch offensichtliche Logikmängel kann man so entschärfen. In der Serie *Prison Break,* insbesondere in der fünften Staffel ist gefühlt jeder dritte Satz ein Lampshading. Als Beispielsweise der Erzgangster T-Bag, der in den vergangenen Staffeln jedes nur denkbare brutale Verbrechen begangen hat, selbst von Gangstern bedroht wird und nun um sein Leben fürchtet, ruft er mit dem Handy die Polizei. Nun wird mancher Zuschauer sagen, dass ausgerechnet DER die Polizei ruft, ist ziemlich unglaubwürdig. Und aus diesem Grund sagt T-Bag auch zu sich selbst etwas ungläubig: „Dass ausgerechnet ICH mal die Polizei rufen würde!"

In der Serie *Twentyfour* mit Kiefer Sutherland, spinnt die Exfrau von US-Präsident Palmer eine unglaubliche Intrige, die die USA in höchste Gefahr bringt. Als er sie schließlich fragt, was sie damit bezweckt, antwortet sie: „Ich will einen Platz in Deinem Kabinett." Das ist natürlich absolut lächerlich und ist mit Sicherheit dem Umstand geschuldet, dass *Twentyfour* (wie auch die Serie *Lost*) immer nur auf den größtmöglichen Effekt der jeweiligen Folge geschrieben wird, ohne dass die Autoren wissen, wie sie das irgendwann mal wieder auflösen können. So entstehen Handlungsverläufe, die plötzlich im Sande verlaufen oder auch der enttäuschende Schluss von *Lost*, der natürlich all die unglaublichen Versprechungen, die man innerhalb der Serie sorglos gemacht hatte nicht halten konnte. Es ist ein bisschen wie diese betrügerischen Schneeballsysteme: Solange es läuft, funktioniert es für alle, aber am Schluss bricht alles zusammen und bis auf den Initiator sind alle ruiniert.

Präsident Palmer antwortet also etwa so: „Was? Du hast DAS alles getan für einen Ministerposten. Du bist ja völlig wahnsinnig." Und wieder sind es nicht die Autoren, die Schuld sind, sondern es liegt am Wahnsinn der Figur.

Eine extrem subtile Form des Lampshading ist in der ersten Szene nach dem Vorspann von Monty Pythons *Das Leben des Brian* zu besichtigen. Dadurch dass auch Jesus selbst in dem Film vorkommt – seriös dargestellt wie in einem klassischen Hollywoodfilm und die Bergpredigt haltend – wird dem Publikum indirekt mitgeteilt, wir machen uns nicht über Jesus lustig und mit der Figur des Brian ist auch nicht Jesus gemeint. (Genützt hat das den Pythons trotzdem nichts, der Film verursachte international etliche Skandale und wurde in mehreren Ländern verboten.)

Langdon

Eine Gagkonstruktion, die nach dem Autor John Langdon benannt ist, der sie sehr oft verwendete, bei der man zwei Personen oder Dinge einführt, dann scheinbar von dem einen davon spricht, aber in Wirklichkeit von dem anderen: „Gestern sind Steve Martin und Stefan Lehnberg zusammen aufgetreten. Was für eine unglaubliche Show: Einer der größten Komiker aller Zeiten – und auch noch Steve Martin!“

Laut lesen

Lies jeden Text den Du geschrieben hast und der dafür bestimmt ist, von jemandem gesprochen zu werden, einmal laut. Auch wenn Du genau zu wissen glaubst, wie er klingt, wirst Du Dich nicht nur wundern wie viele unaussprechbare Zungenbrecher er enthält, Du wirst auch merken, dass der Rhythmus an manchen Stellen falsch ist. Gesprochen klingt es einfach anders als in Deinem Kopf. Nutze unbedingt diese Gelegenheit, letzte Fehler zu finden, bevor es jemand anders tut.

Lightning Rod – Blitzableiter

Ein extrem geschmackloser, beleidigender oder anders kontroverser Gag, den ein Autor extra in seinen Text einbaut, damit, der Produzent, der Angst vor den Zuschauerreaktionen oder dem Verlust von Werbekunden hat, vehement verlangt, dass dieser gestrichen wird, was der Autor auch tut, wobei es ihm von Anfang an nur darum ging, einen anderen, etwas weniger kontroversen – aber viel besseren – Gag im Text behalten zu können, da dieser im Vergleich zu dem Blitzableitergag (aber eben nur im Vergleich) ja relativ harmlos ist.

Monty Python

Python wird mit th geschrieben und infolgedessen Peißen ausgesprochen, und nicht Peiten. Zumindest als Comedyprofi sollte man sich diese weit verbreitete Peinlichkeit ersparen.

Nakamura

Der Alptraum jeden Autors. Wenn sich herausstellt, dass eine zentrale Stelle des Scripts, auf der mehr oder weniger alles aufbaut, nicht funktioniert. Der Name basiert auf einer Live-Aufzeichnung der Sitcom *The Odd Couple* (*Männerwirtschaft*). Eine Szene beruhte auf der Annahme, dass der Name Dr. Nakamura komisch ist. Leider fand das Publikum das nicht und lachte während der ganzen Szene nicht ein einziges Mal.

Namen

Wie erfindet man Figurennamen? Wohlgemerkt, hier geht es um Nachnamen, diese kann man frei erfinden, während man bei Vornamen, ja normalerweise auf die bereits vorhandenen zurückgreifen muss.
Wenn die Namen glaubhaft und natürlich klingen sollen, ist es sehr schwer, sie zu erfinden. Am besten ist, man schreibt sich jeden interessanten Namen, den man zufällig entdeckt, z. B. auf dem Schild einer Arztpraxis, auf Klingelschildern oder in der Zeitung und der einem gefällt, in sein Notizbuch. Mit der Zeit kann man auf einen Vorrat an guten Namen zurückgreifen, auf die man im Traum nicht gekommen wäre.
Anders verhält es sich, wenn der Name eine gewisse Komik haben soll. Hier gibt es vier verschiedene Herangehensweisen. Da ist zunächst mal der Name, der völlig offensichtlich komisch ist. Beispiel: Dieter Hallervordens

Name in seiner legendären Comedyserie *Nonstop Nonsens*. Seine Figur dort hieß Didi Meisenkaiser. Das ist so dicke, dass es schon wieder gut ist.

Die nächste, schon etwas raffiniertere, Variante ist ein scheinbar seriöser Name, der aber eine komische Assoziation auslöst. Beispiel: In der Sitcom *Das Amt* heißt der Amtsleiter Dr. Stüsser. Der Name hat keine direkte Bedeutung, erinnert aber natürlich sofort an Stuss. Ein weiteres Beispiel wäre der Name der Figur die John Cleese in *Fawlty Towers* spielt: Basil Fawlty. Fawlty wird genau so ausgesprochen wie das englische Wort „faulty", was fehlerhaft bedeutet. Das Prinzip dahinter ist ausbaufähig. Überlege, welche negative Haupteigenschaft Deine Figur hat und verändere das entsprechende Wort so weit wie möglich, aber so wenig, dass der ursprüngliche Begriff noch erkennbar ist. Weitere Beispiele: Gaitsler, Pfeicklin oder das Ehepaar aus Loriots Sketch *Eheberatung*, Herr und Frau Blöhmann.

Die nächste Stufe der Abstraktion wäre ein Name, der nur noch lautmalerisch das Gewünschte vermittelt. Was für eine Person stellt man sich unter dem Namen Boblonski vor? Was für eine unter Zergenreuter?

Schließlich dann die schwierigste Variante: Namen, die eine gewisse Komik haben, obwohl sie nichts bedeuten. Hier war Loriot ein Meister. Namen wie Hoppenstedt, Klöbner, Müller-Lüdenscheid sind sehr schwer zu entwickeln, eine gute Methode ist es, sich Namensregister von Büchern durchzulesen, bis einen ein Name anspringt. Ich bin sicher, dass Loriot es auch so gemacht hat. So habe ich allein im Namensverzeichnis von Goethes *Dichtung und Wahrheit* folgende von Loriot verwendete Namen entdecken können: Winkelmann (*Ödipussi*) Wieland (*Der Astronaut*) und Pirkheimer (*Pappa ante Portas*).

Abschließend sei noch erwähnt, dass Namen die ein ü oder gar ein ö enthalten, von vorne herein komisch sind. Die Radiocomedy *Stenkelfeld* geht daher sogar soweit, dass ausnahmslos alle Namen ein ö enthalten.

Notizbuch

Was dem amerikanischen Präsidenten sein Koffer mit den Abschusscodes für die Atomraketen ist, ist dem Comedyautor sein Notizbuch. Er hat es stets und ständig in Reichweite, um in Ernstfall blitzschnell...

An den Orten, wo es vielleicht gerade doch nicht in Reichweite ist, wie im Bett oder im Badezimmer liegen Blöcke und Stifte parat. In das Notizbuch schreibt der Autor alles, was ihm zwischendurch Lustiges oder Ungewöhnliches auffällt und einfällt, oder was seine Umwelt Lustiges oder Bemerkenswertes von sich gibt. Letzteres muss nicht unbedingt lustig *gemeint* sein. Mir hat mal eine Bekannte in großer Ernsthaftigkeit berichtet, dass sie nun beim Lottospielen „den Bogen raus" hätte. Klar, dass ich daraus sofort eine Folge *Küss mich, Kanzler* gemacht habe.

Besonders günstig ist es, mehrere Notizbücher zu besitzen. Eins für Drehbuchideen, eins für Kurzgeschichten, eins für Gags, eins für lustige Namen etc. Das kann Dir das Leben sehr erleichtern. Zum Einsatz kommen die Notizbücher entweder dann, wenn Du auf der Suche nach einem Thema bist, über das Du schreiben könntest – ein Thema zu finden ist tausendmal schwerer als das eigentliche Schreiben – oder wenn Du bereits weißt, worüber Du schreibst. Dann ziehst Du mit diesem Thema im Hinterkopf Dein Notizbuch zu Rate und guckst, welche Gags dazu passen könnten. Du wirst überrascht sein, wie sich Dein eigentliches Thema plötzlich weitet und Du zu völlig irren Ideen inspirierst wirst.

Wichtig ist nur, dass Du deine Notizen so formulierst, dass du auch nach fünf Jahren noch weißt, was Du damit gemeint hast und Du nicht auf kryptische Stichworte stößt à la „Irische Pizza – Schraubenschlüssel fehlt".

Oneliner

Ein Gag in einem Satz (one line). Jeder Oneliner ist ein Gag, aber nicht jeder Gag ist eine Oneliner

Outline

Eine kurze Zusammenfassung der Handlung für eine TV-Folge oder einen Film. Etwa eine halbe Seite bis zwei Seiten lang. Vorstufe zum Treatment. Beispieltext auf Seite 137.

Payoff

Die Pointe eines Gags, der auf dem Prinzip Set-up, Set-up, Payoff aufgebaut ist.

Pitchen/pitching

Das Vortragen einer Idee oder auch eines fertig geschrieben Scripts vor den Leuten, die zu entscheiden haben, ob es realisiert wird. Also ein Art Verkaufsgespräch. Fast schon eine Kunstform für sich, über die es sich in Büchern zu der Thematik zu informieren lohnt. Was nützt das beste Script, wenn es keiner liest. Rechne nicht damit, dass Deine Zuhörer das, was Du erzählst, sich bildlich vorstellen und die Komik empfinden können. Das können sie nicht. Darum sollte Dein Pitch, wenn es um ein Comedyprojekt geht, unbedingt auch selbst komisch sein und Dein gegenüber zum Lachen bringen.

Es empfiehlt sich, Deinen Pitch in mehreren Längen vorrätig zu haben. Wenn Du bei einer Produktionsfirma eingeladen bist, um Deine Idee vorzustellen, hast Du wesentlich mehr Zeit zur Verfügung, als wenn Du einen Produzenten auf einer Party triffst. Und wenn Du plötzlich Steven Spielberg im Fahrstuhl begegnest, hast Du hoffentlich einen superkurzen sogenannten Elevatorpitch parat. Wie sagt Hamlet: „Bereit sein ist alles."

Pitcheroo

Etwas, was in einer Outline oder einem Pitch gut klingt, aber genauerer Betrachtung nicht standhält.

„Er setzt die Wachen außer Gefecht und flieht aus dem Gefängnis." (*Wie* er

das macht, steht da nicht) Wird eingesetzt, wenn man bis zu einem Abgabetermin nicht genug Zeit hat, es genau auszuarbeiten.
Wird vom Adressaten als Mangel meist gar nicht bemerkt.

Pointe

Die entscheidende Information eines Gags oder Witzes, die den Lacher auslöst

Political Correctness

Es ist wohl kein Zufall, dass sich viel bekannte Komiker (wie z. B. John Cleese, Jerry Seinfeld, Ricky Gervais, Otto Waalkes) kritisch zur Political Correctness äußern, denn gute Komik beruht nicht zuletzt darauf, unbequeme Wahrheiten auszusprechen und sich auf das zu beziehen, was ganz tief im Inneren des Menschen – man könnte sagen genetisch – in ihm verankert ist. Seinen wahren, ehrlichen, unverfälschten, archaischen, unzivilisierten bösen und hässlichen Gefühlen, die, wenn er wirklich ehrlich ist, im krassen Gegensatz zu dem stehen, was er meint denken und fühlen zu sollen und sich oft sogar einbildet zu fühlen.
In seinem Bühnenprogramm *The last time to see me before I die*, weist John Cleese darauf hin, dass ein Witzemachen über jemanden nicht automatisch heißt, dass man für ihn keine Sympathie hat, denn es gibt nicht nur ein bösartiges Sich-lustig-machen, sondern auch ein gutartiges.
Das ist leicht nachzuvollziehen, zuweilen machen wir uns ja sogar über Menschen lustig, die wir lieben, denn wir erkennen trotz aller Liebe ihre Mängel.
(Mehr dazu im Kapitel „Was ist Komik?“)

Prioritäten

Als Autor (oder überhaupt als Künstler) muss man Prioritäten setzten. Wenn man nur dann schreibt, wenn man Zeit dazu hat, wird das nur sehr selten der Fall sein. Bei der Planung des Tagesablaufs ist daher dem Schreiben Vorrang einzuräumen gegenüber allem, was nicht zwingend erforderlich ist. Insbesondere gegenüber dem Aufenthalt im Internet. Manches mag zwar durchaus zwingend erforderlich sein, aber es muss nicht heute erledigt werden. Vielleicht lässt es sich auf die ganze Woche verteilen. Unterteile alle Aufgaben außer dem Schreiben nach folgendem Schema:

Wichtig und dringend:
(Muss erledigt werden, und zwar heute, bzw. täglich. Dazu gehört auch das Schreiben.)

Dringend aber nicht wichtig:
(Sollte möglichst heute erledigt werden. (Zahnpasta nachkaufen, weil keine mehr da ist), geht zur Not aber auch morgen.)

Wichtig, aber nicht dringend:
(Steuerklärung machen. Muss aber erst in einigen Wochen fertig sein.)

Nicht wichtig und nicht dringend:
(Lass es.)

Am besten ist es, sich gleich morgens für mehrere Stunden ans Schreiben zu setzen. (So ist auch dieses Buch entstanden.) Dann ist man geistig noch frisch und hat Kraft. Denn zur Kreativität gehört Kraft. Das Gehirn ist wie ein Muskel und nach zwei Stunden hochkonzentrierter Arbeit erschöpft. Allerdings ist es kein Problem, danach noch Dinge zu tun, die zwar körperliche Kraft erfordern, aber keine geistige. Wie zum Beispiel Sport, oder Einkäufe nach Hause schleppen. Umgekehrt ist es sehr viel schwerer, wenn nicht oft gar unmöglich. Nicht umsonst haben viele berühmte Autoren, wie

z. B. Thomas Mann, Ernest Hemingway oder Ian Fleming morgens bis zum Mittagessen geschrieben und sich erst dann anderen Dingen gewidmet. Übrigens ist es auch psychologisch viel angenehmer, schon beim Mittagessen das Wichtigste erledigt zu haben, statt mit bangen Blicken auf die Stunde zu schielen, wo man sich zum Schreiben niedersetzt.

Punchline

Der Schlusssatz eines Gags oder Witzes. Er enthält die Pointe. Jeder Payoff ist eine Punchline, aber nicht jede Punchline ist ein Payoff.

Rabbit hole

Man checkt beim Schreiben eine Sache im Internet und schon ist der Nachmittag rum.

Red Dot, Roter Punkt

Eine kleine aber unübersehbare Sache, die man in ein Script einfügt, um zu testen, ob der andere es gelesen hat.

The Restaurant on the Corner/ Bono

Ein Gag, eine Szene oder ein Detail in einem Script, das eigentlich funktionieren müsste, aber es nicht tut, egal, wie oft man es umschreibt. Bezieht sich auf ein Restaurant in Hollywood, das Sonny Bono eröffnete, das aber schnell pleite ging. Auch alle Restaurants, die später an diese Straßenecke eröffnet wurde, konnten sich nicht lange halten.

Riffing

Geplauder mit einzelnen oder auch allen Zuschauern zu Beginn einer Comedynummer, z. B. „Wo kommen Sie her?“ Dient als Warm up, Kontaktaufnahme und ungefährlicher Einstieg in die eigentliche Nummer.

(Siehe Verschiedene Comedyformen und wie man sie herstellt – Comedian

Running Gag)

Ein Gag, der mindestens dreimal auftaucht. Immer in der gleichen Form oder leicht variiert. Hat durch seinen Leitmotivcharakter mehr Gewicht als Einzelgags, so dass sich die letzte Wiederholung eines Running Gags auch sehr gut als Schlusspointe eignet. Es ist daher ein guter Ausweg, wenn einem keine gute Schlusspointe einfällt, einen Gag, der relativ zu Anfang kommt, zum Running Gag auszubauen.
(Vgl. „Zirkelkonstruktion")

Sardonisches Gelächter

Grimmiges, schmerzvolles Gelächter.

Sarkasmus

-Siehe „Ironie" –

Savers

Vorbereitete Gags mit denen sich Comedians retten (to save = retten), wenn während ihrer Liveshow etwas schief geht, oder im Publikum ein Heckler sitzt. (Beispiele im Kapitel „Verschiedene Formen der Komik und wie man sie herstellt – Comedian")

Scud

Ein Gag, der mit einem anderen Zielobjekt endet als vorne angekündigt wurde.
„Helmut Kohl hat einige dumme Dinge getan. Zum Beispiel ist er nach Oggersheim gezogen." Nachdem man zunächst dachte, der Satz wendet sich gegen Kohl, stellt sich dann heraus, dass es gegen Oggersheim geht.
Der Begriff bezieht sich auf die unpräzisen Russischen Raketen des ersten Golfkrieges, die sehr oft das falsche Ziel trafen.

Set

Der Ort, wo gedreht wird.

Setting

Der Ort, wo die Handlung stattfindet. Zum Beispiel ein Büro. Das Set wiederum ist der tatsächliche Ort, wo gedreht wird.

Set-up

Vorbereitung für einen Gag.

Beispiel: Meine größten Vorbilder sind: Sokrates (Set-up), Shakespeare (Set-up) – und Homer Simpson (Payoff/Pointe). Das Set-up enthält immer zwei Elemente, denn nach zwei Beispielen hat der Adressat die Richtung, man könnte auch sagen das Muster oder das Regelhafte verstanden und empfindet das unpassende Dritte als komischen Bruch. Natürlich könnte man auch mehr als zwei Set-ups bringen, aber dadurch wird es nicht besser, sondern nur länger und in der Komik gilt: Alles was wir nicht zum Verständnis des Inhalts und auch nicht zum Erzielen der Pointe brauchen, wird als überflüssig fortgelassen.

SFX

Special Effects, z. B. Geräusche.

Sitcom

Abkürzung für Situations-Comedy.

Ausführliche Beschreibung im nächsten Kapitel

Stehlen

Darf man von anderen Comedians stehlen? (Wohlgemerkt: Hier geht es um Gags, nicht um Wertgegenstände.) Nun, Monty Python John Cleese rät in seiner Autobiographie *So, Anyway...* ausdrücklich dazu. Dann jedoch präzi-

siert er und es stellt sich heraus, dass er unter stehlen, nicht das was versteht, was man normalerweise damit meint, sondern something completely different: „Steal an idea that you know is good, and try to reproduce it in a setting that you know and understand. It will become sufficiently different from the original because y o u are writing it, and by basing it on something good, you will be learning some of the rules of good writing as you go along. Great artists may merely be „influenced by" other artists, but comics „steal" and then conceal their loot."
Also man klaut nicht den Originaltext und setzt nur andere Namen ein, sondern, man übernimmt das Prinzip, auf dem der Gag aufgebaut ist.
Hier ein sehr simples Beispiel: In einer Sitcom sagt eine Figur über eine andere Figur nicht einfach: „Er ist saudumm", sondern gemäß der Regel „Inhalt ist nichts, Form alles" sagt er: „Wenn es einen Nobelpreis für Dummheit gäbe, wäre er ein sicherer Kandidat dafür."
Wenn Dir der Gag gefällt, übernimmst Du ihn. Aber nicht wortwörtlich, sondern nur das Prinzip, nachdem er gestrickt ist. Zum Beispiel sagst Du: „Wenn es einen Oscar für Eitelkeit gäbe, würde sie ihn gewinnen."
Natürlich kannst Du noch weiter gehen und nicht nur einzelne Gagprinzipien übernehmen, sondern z. B. die komplette Struktur einer Sitcom. Alle Bücher darüber, wie man eine Sitcom schreibt, tun genau das, indem sie das bereits erfolgreich gewesene analysieren und dann verallgemeinern. Zum Beispiel hat es sich bewährt, in jeder Sitcom eine Figur zu haben, die verrückt oder begriffsstutzig ist. Prüf es nach, Du wirst kaum eine Sitcom ohne eine solche Figur finden. Ich empfehle dieses Analysieren von Comedys, die Dir gefallen, ausdrücklich; durch nichts lernst Du besser die Prinzipien kennen, die Du später selbst anwenden kannst.
Ob Du Gags eins zu eins klauen willst, bleibt Dir überlassen. Ich persönlich habe nie verstanden, warum das jemand tut (außer vielleicht, wenn er unter extremsten Zeitdruck für die Abgabe des Textes steht.) Es ist doch absolut unbefriedigend, fremde Ideen im eigenen Text zu haben, denn dann ist es

nicht mehr hundertprozentig der eigene. Für mich ist das so, als würde man fälschlicherweise behaupten, den Mount Everest bestiegen zu haben. Klar, das schindet Eindruck, aber für einen selbst ist es doch sinnlos. Wer Autos stiehlt und verkauft, ist kein Autohändler, sondern ein Autodieb, wer Texte stiehlt, ist kein Autor, sondern ein Textdieb. Will man das sein? Außerdem, am Ende kommt es immer heraus. Die Comedywelt ist sehr klein. Wie sagt schon Abraham Lincoln: „Man kann alle Menschen eine Weile täuschen, einige Leute kann man sogar immer täuschen, aber man kann nicht alle Leute immer täuschen."

Mit anderen Worten, irgendwer wird es immer merken, nicht unbedingt gleich, aber vielleicht nach Jahren. Ich habe zum Beispiel in zwei Serien eines sehr bekannten deutschen Regisseurs (aus juristischen Gründen bestreite ich, dass es sich dabei um Dieter Wedel handelt) etliche Gags, ja ganze Passagen entdeckt, die eins zu eins von Woody Allen, Neil Simon und anderen übernommen worden sind.

Schlusspointen und Scheinpointen

Eine gute Schlusspointe – zum Beispiel in einem Sketch – lässt alles, was vorher war, auf einmal in einem gänzlich unerwarteten neuen Licht erscheinen. Nehmen wir zum Beispiel den berühmten Sketch, *The Exam* in dem Mr. Bean eine Mathematikklausur schreibt. Er hat sich auf Trigonometrie vorbereitet, entdeckt aber zu seinem Entsetzen, dass die Klausur über Wahrscheinlichkeitsrechnung ist und versucht nun, durch zahlreiche verzweifelte Tricks, diese für ihn unlösbare Aufgabe doch noch irgendwie zu meistern und scheitert dabei jedes Mal kläglich. Am Schluss stellt sich jedoch heraus, dass in dem Umschlag mit den Prüfungsaufgaben auch ein Blatt mit Trigonometriefragen war und man sich für eines von beiden entscheiden konnte, womit sich all seine Qualen im Nachhinein als unnötig erweisen. Übrigens ein Prinzip, dass sich in vielen Mr. Bean-Sketchen wiederholt.

Nun ist es aber leider aus irgendeinem Grunde so, dass einem nicht immer geniale Schlusspointen einfallen. Sie sind sehr viel schwerer zu finden als „normale“ Pointen. Wenn ich zum Beispiel eine Folge meiner Radiocomedy *Küss mich Kanzler* schreibe, verwende ich oft ein Drittel der gesamten Schreibzeit nur darauf, die Schlusspointe zu konstruieren.
Aus diesem Grund verzichten gerade Profis oft auf eine „amtliche“ Schlusspointe, sondern verwenden stattdessen etwas, das ich als „Scheinpointe“ bezeichne.
Eine Scheinpointe ist ein ganz normaler netter kleiner Gag, der überall im Text stehen könnte und der kein wirklicher Schluss ist. Vielleicht stand sie vielleicht sogar vorher irgendwo in Deinem Text, und ist die beste Pointe darin. Falls sie an dieser Stelle entbehrlich ist, spricht nichts dagegen, sie dort zu entfernen und sie zur Schlusspointe zur befördern. Dazu muss man sie etwas ausbauen. Es ist immer noch derselbe Gag, aber er wirkt nun wie eine Schlusspointe, weil er in die Breite gezogen ist.
Das lässt sich auf der Bühne durch entsprechendes Spiel und in einem geschriebenen Text durch einen längeren Vorlauf erreichen.
Nehmen wir als Beispiel für eine Scheinpointe auf der Bühne Monty Pythons *Live at the Hollywood Bowl*: Der Papst beschwert sich bei Michelangelo über sein Gemälde *Das letzte Abendmahl* (das eigentlich von Leonardo da Vinci ist, aber das soll uns jetzt nicht weiter interessieren), weil es einige Mängel aufweist: Drei Jesusse, ein Känguru, ein Trampolin und anderes mehr, was bei der Aufzählung im Sketch alles große Lacher sind. Der Sketch endet jedoch damit, dass der Papst empört den Raum verlässt und dabei ruft:
„Ich weiß vielleicht nicht viel über Kunst, aber ich weiß, was ich mag!“ *
Ganz nett, aber Schlusspointe???
Trotzdem ist es ein Riesenlacher, weil John Cleese diesen Satz durch seine Körpersprache und kräftige Betonung einen Anstrich von Bedeutung und

Endgültigkeit gibt. Und das reicht. Es muss keine echte Schlusspointe sein, es muss sich nur so anfühlen. (vergl. dazu auch „Scheingag“)

Hier ein Beispiel für eine geschriebene Scheinpointe aus Ephraim Kishons Buch *In Sachen Kain und Abel*: In der Satire *Man ist so alt wie man sich fühlt* möchte der Ich-Erzähler erfahren, wie einer seiner Freunde es schafft, trotz fortgeschrittenen Alters noch so jung auszusehen. Der Freund erzählt von seinem knallharten Fitnessprogramm mit eiskalten Duschen, kilometerlangen Läufen und gesunder Ernährung. Soweit genau das, was man erwarten könnte. Der Schluss jedoch lautet wie folgt:

„...und außerdem -“

„Was?“ fragte ich atemlos.

„Außerdem lasse ich mir die Haare färben.“

Nun, ich will nicht behaupten, „Außerdem lasse ich mir die Haare färben.“ wäre keine gute Pointe, es ist eine, es ist sogar eine „amtliche“ Schlusspointe, weil es alles vorangegangene ad absurdum führt, aber es würde ohne den Aufbau...

„...und außerdem...“

„Was?“ fragte ich atemlos.

„Außerdem...

...nicht so wirken. Der Schluss käme zu abrupt und der Leser würde denken: Nanu, so plötzlich zu Ende. Schwacher Schluss. Okay, der Leser würde es nicht *denken*, aber er würde es so empfinden und das ist genauso schlimm.

Aber durch die Ankündigung „außerdem...“ ohne dass es an dieser Stelle schon gesagt wird, *was* außerdem noch ist, wird Spannung erzeugt. Dann fragt der Ich-Erzähler nach, und zwar tut er dies „atemlos“, was die Spannung weiter erhöht, dann wird die Spannung weiter aufrecht erhalten mit einem weiteren „außerdem“ und erst dann, wenn jedem Leser klar ist, jetzt folgt etwas Wichtiges, kommt die Pointe. Es ist wie beim Auftritt eines Monarchen. Der kommt auch nicht plötzlich unangekündigt um die Ecke, sondern erst hört man Fanfaren, dann verkündet ein Diener feierlich: „Seine Majestät Kaiser Stefan XIV!“ (z. B.) und erst dann erscheint der Kaiser. Er weiß schon, warum er das so macht: Damit keiner ihn für den ganz normalen Typen hält, der er ja in Wahrheit eigentlich ist.

Mit anderen Worten, wenn Du keine geeignete Schlusspointe findest, nimm einfach irgendeine Pointe und mache sie groß. Niemand wird den Unterschied bemerken.

Eine weitere Variante, eine Pointe zu erzeugen, wenn Dir keine einfällt, ist, einen bereits im Text vorhandenen Gag zum Running Gag auszubauen. Das heißt, er sollte einmal am Anfang, einmal in der Mitte und eben ganz am Schluss auftauchen. Auch mit dieser Methode bekommt plötzlich ein Gag, der ganz nett ist, aber so toll nun auch wieder nicht, die höheren Weihen einer formidablen Schlusspointe.

* Das ist übrigens auch die Auffassung der meisten Deiner Auftraggeber.

Scheingag

Als Scheingag bezeichne ich einen Satz, den ein Comedian während einer Liveshow bringt, der entweder eigentlich gar nicht komisch gemeint war oder zwar komisch gemeint, aber so schlecht formuliert ist, dass ihn keiner versteht, der aber *trotzdem* vom Publikum belacht wird, weil er in Mitten mehrerer anderer Gags kommt und vom Comedian auch wie eine Pointe betont wird. Das kommt sehr viel öfter vor, als man denkt. In *The Big Bang Theorie* würde ich schätzen handelt es sich bei einem Drittel aller Lacher um Scheinpointen.

Achte mal drauf, wenn Du das nächste Mal einen Comedian im Fernsehen siehst. (Nicht live, denn da lachst du wahrscheinlich selbst auch über Scheingags.) Wenn die Zuschauer erstmal in Lachstimmung sind, lachen sie auch über Unlustiges oder etwas, was sie gar nicht verstanden haben, weil sie unterbewusst denken, dass es wohl auch lustig sein wird. Quasi in

Abwandlung des Satzes „Erst schießen, dann fragen“: „Erst lachen, dann denken.“ Bzw. auch dann nicht mehr denken, weil ja schon die nächste Pointe kommt.

Straight Man

Viele Comedyteams bestehen aus einem Komiker und einem Straight Man, wobei letzterer „normal“ und erwachsen spricht und handelt und somit den Kontrast zum Komiker bildet, oft auch nur als Stichwortgeber für diesen. Z. B. Dean Martin (für Jerry Lewis), Preil (für Herricht), Lisl Karlstadt (für Karl Valentin), Bud Abbot für Lou Costello, und in manchen Szenen Oliver Hardy (für Stan Laurel), sowie Chico Marx (für Harpo Marx). Oft ist der Straight Man eines Comedyteams genauso populär wie der Komiker und Lou Costello ging sogar soweit, darauf zu bestehen, dass die Gagen 60 zu 40 zugunsten Abbotts aufgeteilt wurden. Seine Begründung: „Gute Komiker gibt es wie Sand am Meer, aber gute Straight Men sind selten.“

Tabus

Viele Comedians und Kabarettisten sehen sich gerne als Tabubrecher, sind es aber nicht. Sie spielen mit den Tabus von gestern und vorgestern. Sich heutzutage beispielsweise über den Papst lustig zu machen, dazu gehört kein Mut. Vor hundert Jahren dagegen schon. Zum echten Tabubruch gehört immer Mut, bzw. Angst, denn der echte Tabubruch wendet sich gegen den Mainstream und wird jede Menge echten Gegenwind erzeugen. Bei einem echten Tabubruch steht die Karriere des Tabubrechers auf dem Spiel. Er ist seiner Zeit voraus und rennt nicht Türen ein, die seit Jahrzehnten offen stehen, denn das ist nicht mutig, sondern feige.

Der echte Tabubruch kitzelt das Publikum nicht, wie die Nummern mancher Comedians, die glauben mit extremen sexuellen Inhalten, zu schocken, sondern er tut weh, und zwar heftig. Er konfrontiert die Zuschauer mit dem, was sie auf keinen Fall wahrhaben wollen.

Tempo

Nicht zu verwechseln mit Timing. Ich habe oft festgestellt, dass witzige Dialoge von mir auf einmal total unlustig werden, wenn man sie nicht in dem hohen Tempo spricht, das ich dafür Im Kopf habe. Das kann ein Unterschied wie Tag und Nacht sein. Laien werden aber nicht dem Performer die Schuld geben, sondern Deinen vermeintlich schlechten Texten. Wenn Du also die Möglichkeit hast, Einfluss zu nehmen, bestehe auf das Tempo, dass Du Dir beim Schreiben vorgestellt hast. Schon ein von Dir nicht geplanter zusätzlicher Atmer zwischen zwei Sätzen, eine zu stark betonte Endsilbe kann alles zunichte machen.

Testen

Wenn Du nicht sicher bist, ob ein Gag gut ankommt, dann kannst Du ihn an Deinen Freunden testen. Keinesfalls aber darfst Du dabei fragen: „Wie findest Du diesen Gag?" Wenn der Gag als solcher angekündigt und zur kritischen Bewertung freigegeben ist, kann keine entsprechende Atmosphäre mehr aufkommen. Jeder so eingeführte Gag wird bestenfalls als „ganz nett" bewertet. Lass Deine Gags stattdessen einfach ins Gespräch einfließen und beobachte die Reaktion.

Themenwahl

Wenn Du aus diesem Buch nur einen einzigen Rat beherzigst, dann den Folgenden: Parodiere nicht, was bereits extrem ist.

Wer kann denn noch Herbert-Grönemeyer-Parodien hören? Grönemeyer ist bereits die Parodie seiner selbst. Man muss nicht besonders genau hinhören, um seine charakteristischen Eigenarten zu erkennen. Jeder Laie bemerkt sie sofort. Darum haben ihn ja so viele Comedians im Programm. Das ist Komik auf Klassenclown-Niveau.

Sehr viel schwieriger ist es, bei einem relativ normalen Menschen das Besondere zu entdecken. Aber erst dort fängt professionelle Comedy an. Einer der größten Meister auf diesem Gebiet war Loriot. Er entdeckte und zeigte die Komik im scheinbar Alltäglichen.

Entscheide selbst, auf welchem Niveau Du arbeiten willst: Mario Barth oder Loriot.

Weitere Billigparodien, die man meiden sollte: Nonnen, Papst, Helmut Kohl, Dieter Hallervorden, Reich-Ranicki, Kinski, Donald Trump...

Mancher wird nun einwenden, was falsch daran ist, so etwas zu machen, wenn man doch damit Lacher erzielt. Es ist in etwa die gleiche Frage, ob man den Geschmack im Vanillepudding durch Vanille erzeugt oder durch künstliche Aromen. Entscheide selbst, welche Art von Pudding Du machen möchtest.

Timing

–Siehe Funny Bones

Ton

Hier gilt Ähnliches wie beim Thema Tempo: Falsch eingesetzter Ton (Musik oder Geräusche) kann die lustigste Szene zerstören, ohne dass für die Meisten erkennbar wäre, woran es liegt, daher wird man Deine Texte verantwortlich machen. Als beispielsweise Monty Python zum ersten Mal einen ihrer mit Sicherheit lustigsten Sketche aufgezeichnet hatten, nämlich *Die verschmutzte Gabel*, fand ihn zunächst niemand komisch. Die Pythons waren irritiert, aber dann fanden sie heraus, dass es an der Musik lag, mit der die elegante Restaurantatmosphäre unterstrichen werden sollte. Aus irgendeinem Grunde bewirkte sie – sei es durch Zerstörung des Timings oder durch die Schaffung einer dem Sketch gegenläufigen Stimmung, oder schlicht, weil sie ablenkte, dass alle Komik neutralisiert wurde. Kaum war die Musik dann entfernt, funktionierte die Nummer ausgezeichnet. Das gleiche gilt für Toneffekte. Schon ein Uhrenticken oder Vogelgezwitscher, Straßenverkehrslärm oder Regen im Hintergrund kann alles zerstören.

Wohlverstanden: *Kann.* Umgekehrt können Musik oder Geräusche auch viel zur Komik einer Szene beitragen, ganz besonders wenn sie von Henry Mancini ist und speziell für diese Szene entwickelt wurde. Man sehe sich dazu mal an, wie in *Inspector Clouseau – Der beste Mann bei Interpol* Clouseau versucht, in ein Schloss mit Zugbrücke einzudringen, einmal mit und einmal ohne Musik an. Hier ist die Musik mindestens die halbe Miete.

Treatment

Vorstufe zum Drehbuch. In ihm sind alle Szenen einer TV-Folge oder eines Films genau beschrieben. Es fehlt nur der Dialog.
Beispieltreatment auf Seite 139.

Two Percenter

Ein Gag, den nur zwei Prozent des Publikums verstehen.

Überleitungen/Links

Sind entgegen weit verbreiteter Ansicht überflüssig. Wer sich die Frage stellt, wie er von einem Thema zum nächsten Thema überleitet, z. B. bei einer Stand-Up-Nummer oder als Moderator einer TV-Sendung, macht sich Arbeit, wo keine ist; er entschuldigt sich quasi für etwas, das ihm gar keiner vorgeworfen hat, dementsprechend sind die Ergebnisse oft verkrampft verschwurbelt. Der Zuschauer weiß ja nicht, dass nun etwas Neues kommt, wenn man es ihm nicht explizit mitteilt, er folgt dem Strom der Ereignisse und befindet sich plötzlich im neuen Thema, ohne zu wissen, wie ihm geschieht. Entscheidend ist nur die Haltung des Überleitenden, der bei den Zuschauern gar nicht erst den Gedanken aufkommen lässt, dass es auch anders sein könnte. Ein Meister dieser Technik ist der Comedian Judah Friedlander (bekannt aus *30 Rock*), der ansatzlos von Thema zu Thema springt und gerade dadurch eine sehr trockene Komik erzeugt.

Nirgendwo wird die Überflüssigkeit von Überleitungen deutlicher, als in *Monty Pythons Flying Circus*, wo John Cleese an solchen Stellen einfach sagte: „And now for something completely different"/"Kommen wir nun zu etwas völlig Anderem."

Wer aber dennoch meint, eine Überleitung zu brauchen, dem bieten sich zwei attraktive Möglichkeiten an:

Er kann eine ultrakurze Scheinüberleitung (vgl. Scheingag) bauen, wie es der Komiker Fips Asmussen meisterhaft beherrscht. Der erzählt direkt hintereinander eine Reihe von Witzen, die nichts miteinander zu tun haben, und verbindet sie, indem er in allen dieselbe Hauptfigur verwendet und nach der Pointe des einen Witzes, der vielleicht von einem Mann in einer Kneipe handelt, z. B. überleitet mit etwas wie: „Tags drauf geht er zum Arzt.... Obwohl die gesamte Überleitung nur aus „Tags drauf" besteht, hat das Publikum den Eindruck eine zusammenhängende Geschichte zu hören, obwohl es gar keine ist.

Die andere Möglichkeit besteht darin, diese Überleitung zu einer eigenen Nummer auszubauen, die unter Umständen sogar länger und/oder besser sein kann, als die beiden Nummern, die damit verbunden werden.

Vomit Draft/Puke Draft/Draft Zero

Allererste Fassung eines Scripts. Voller Tippfehler, nicht ausgefeilten Gags und Logikfehlern. Kann man so keinem zeigen.

Witz im Witz

Gelegentlich fällt dem Autor, während er eine komische Passage schreibt noch ein zusätzlicher Gag ein, den er dann auch einbaut. Das kann fürchterlich schief gehen, da die Stringenz des Hauptgags zerstört wird. Ein Problem, das wie auch Timing, eigentlich nicht erklärt werden kann, darum soll hier nur einmal auf seine Existenz hingewiesen werden. Weniger ist oft mehr.

Wortspiel

Wortspiele sollten niemals die Basis Deiner Komik sein. Ich weiß, Heinz Erhard-Fans werden mir da widersprechen, aber unter professionellen Comedyautoren sieht man oft etwas naserümpfend auf diese schlichte Form der Komik herab. Das liegt daran, dass die Komik, die auf Wortspielen beruht, eine reine Fleißarbeit ist. Man muss nicht mehr tun als mit der Doppeldeutigkeit verschiedener Wörter zu spielen, das können auch Laien, man muss dazu eigentlich nichts können. Das erklärt wohl auch, warum auf Comedybühnen Wortspielnummern besonders gut ankommen.

Natürlich wird jeder Comedyautor gelegentlich ein Wortspiel benutzen, wenn es ihm gerade einfällt, aber das sollte reiner Beifang sein.

Hier eine Folge meiner Radiocomedy *Küss mich, Kanzler*, die nur auf einer einzigen Idee beruht und zu 100% auf Wortspielen aufgebaut ist. (Wenn man einen Abgabetermin und keine bessere Idee hat, kann man sich nicht immer an die reine Lehre halten.) Dazu habe ich einfach eine Sammlung von Fußballbegriffen angelegt und diese dann in ein Gespräch von Kanzlerin Merkel und Wladimir Putin eingebaut, das die Ukraine-Krise zum Thema hat. (Schreibzeit zehn Minuten)

Küss mich, Kanzler! Folge 1496 Fußball mit Wladimir Putin

SFX WM-ÜBERTRAGUNG IM TV. OHNE KOMMENTATOR.

JOACHIM
Tooor, nee, doch nee, ah, schaaade!

MERKEL
Hoho, WAS für n Spiel, das ist die beste WM, die ich in meinem ganzen Leben...

SFX TELEFON DÜDELT AUFDRINGLICH

MERKEL
Oah, was für n Volldepp ruft denn JETZT an?

JOACHIM
Manche Leute sollte man..., oh, aufem Display steht Putin, is wohl wichtig.

SFX NIMMT WÜTEND AB

MERKEL (Dabei)
Aaargh. – Hallooo, Wladi, super, dass du anrufst, es is nur gerade ETWAS ungünstig, ich bin hier gerade in einer wichtigen Konferenz.

JOACHIM (Mit tiefer Stimme)
Frau Bundeskanzlerin, hören Sie auf zu telefonieren, hier geht's um Leben und Tod.

MERKEL
Wenn, Du also morgen noch mal...ja gut, ganz kurz, was is denn? (Leise zu Joachim) Dreh mal den Fernseher etwas in meine Richtung

JOACHIM
Okay.

SFX TUT ES

MERKEL
Wladi, es tut mir leid, aber du musst Dich an internationale Abmachungen halten.

JOACHIM
Oah, genialer Fallrückzieher!

MERKEL
Du kannst da auf keinen Fall nen Rückzieher machen.

JOACHIM
Und Neuer. Gut der Mann.

MERKEL
Okay, neuer Vorschlag, wir...

JOACHIM
Ja, Schweinsteiger, und los!

MERKEL
Wladi, Du hast alle wichtigen Leute gegen dich: Cameron, r, Schweinsteiger...

JOACHIM
Nun, schieß doch!

MERKEL
Wladi, dann schieß doch, die NATO lässt sich nicht einschüchtern.

JOACHIM
Und Lahm, super gemacht.

MERKEL
Deine Argumente sind wirklich superlahm, Wladi.

JOACHIM
Oh, Elfmeter.

MERKEL
Wladi, WIR haben AUCH Panzer. Größere als du, elf Meter sind die lang.

JOACHIM
Abseits.

MERKEL
Wladi, willst du dich weltpolitisch wirklich so ins Abseits stellen?

JOACHIM
Und Großkreutz, sehr gut.

MERKEL
Wladi, wenn du dich mit uns einigst, verleih‘ ich Dir den höchsten deutschen Orden. Das Großkreuz am Bande. Okay. Tschüs Wladi.

SFX LEGT AUF

MERKEL
Mann, der hat mich total von dem schönen Spiel abgelenkt.

JOACHIM
Wenn Du nich willst, dass der dauernd hier anruft, musst du dir endlich mal richtiges Konzept für die Ukraine überlegen.

MERKEL
Ich weiß, aber dazu bin ich einfach zu...

JOACHIM
Fouuuuuuul!

Youtube

Eine fantastische Möglichkeit, hervorragende Comedy zu sehen, die man nicht kaufen kann (oder will). Angefangen bei Klassikern von Keaton, Chaplin, Harold Lloyd, Laurel & Hardy über alte, aber nichtsdestotrotz großartige TV-Formate der fünfziger Jahre, die oft besser sind als das meiste was heute produziert wird, wie *The Jack Benny Program* und *Your Show of Shows* (mit Sid Caesar) über *Monty Pythons Flying Circus* (obwohl über ein halbes Jahrhundert alt, immer noch unübertroffen) bis hin zu Live-Auftritten und Interviews hunderter Comedians.
(Vgl. auch Rabbit Hole)

Zirkelkonstruktion

Quasi der kleine Bruder des Running Gags. Der einzige Unterschied besteht darin, dass man erst am Ende wieder auf den Anfang zurückkommt, und nicht auch noch zwischendurch. Ein weiterer guter Weg zu einer Schlusspointe zu kommen.
Eine der extremsten Zirkelkonstruktionen findet sind in der Sitcom *Seinfeld,* in der Jerry nach neun Staffeln und 180 Episoden am Schluss der letzten Folge mit George denselben Dialog über Hemdknöpfe führt, mit dem die allererste Folge begann.

2er-Regel

Falls Deine Komik nicht in geschriebener Form (Buch), sondern in gesprochener Form (TV, Radio, Film) präsentiert wird, solltest Du Informationen, ohne die die weitere Handlung nicht verständlich ist, unbedingt mindestens zweimal bringen. Zu groß ist die Gefahr, dass der Zuhörer im entscheidenden Moment gerade abgelenkt ist und dann nichts mehr versteht.

Zuviel des Guten

Nehmen wir an, jemand isst für sein Leben gern Buttercremetorte. Wenn er ein bis zwei Stücke isst, werden sie ihm schmecken, wenn er allerdings auf einen Schlag zehn davon isst, wohl nicht mehr. Das ist ein natürlicher Vorgang und er würde wohl kaum auf die Idee kommen zu sagen, die ersten beiden waren lecker, aber die anderen waren von schlechter Qualität. Er versteht, warum es ihm nicht mehr schmeckt, er ist übersättigt.

Bei der Komik hingegen wird dieser Zusammenhang meist nicht erkannt. Wer z. B. ein Buch mit Satiren von Ephraim Kishon liest, wird, auch wenn er das erste Drittel das Buches genial und zum Totlachen findet, irgendwann das Gefühl haben, dass nach hinten die Geschichten immer schwächer werden. Das ist jedoch nicht der Fall. Tatsächlich ist der Leser nur komikübersättigt. Wenn er jeden Tag nur ein oder zwei Geschichten läse, wären sie alle gut. Es kann sinnvoll sein, seine Leser darauf hinzuweisen oder einen Comedyabend nicht zu lang zu gestalten. Und wer sich schon immer über die schrecklichen Liebesszenen in den Marxbrothersfilmen gewundert hat – sie dienen dazu, den Zuschauern eine Verschnaufpause vom Lachen zu gönnen.

Zynismus

-Siehe „Ironie“ –

Ist es auch Wahnsinn, so hat es doch Methode.

William Shakespeare (Hamlet)

Verschiedene Formen der Komik und wie man sie herstellt

Oneliner

Ein Oneliner ist ein Gag, der, wie der Name schon sagt, möglichst nur aus einer Zeile besteht. Oneliner zu schreiben, ist ein guter Einstieg ins Comedygeschäft, weil alle Late-Night-Shows (Jimmy Fallon, Stephen Colbert, früher Harald Schmidt, u.v.a) mit einem Stand-Up-Teil beginnen, der aus etlichen Onelinern besteht. Man kommt auch als Newcomer relativ leicht an so einen Job, zumindest, wenn man damit zufrieden ist, als einer der zahlreichen Außenautoren zu arbeiten. (Im Gegensatz zu der kleinen Gruppe Auserwählter, die eine Festanstellung in der Redaktion haben.) Die Produktionsfirmen (in Deutschland z. B. Brainpool) gehen damit auch gar kein Risiko ein, denn Du wirst nur für die Gags bezahlt, die es in die Sendung schaffen.

Einerseits ist es natürlich ungeheuer erhebend, wenn Du morgens einen Gag schreibst, der dann am Abend aus dem Mund des Comedystars kommt, andererseits ist es oft alles andere als erhebend, wenn Du die Zahl der Gags, die Du geschrieben hast, mit der Zahl vergleichst, die man Dir letztlich abgekauft hat.

Aber trotzdem: Für den Anfang ist es eine sehr gute Übung, man lernt so einiges:

Unter anderem, Komisches in kürzest möglicher Form auf den Punkt zu bringen, sowie das disziplinierte Arbeiten unter Zeitdruck. Man sollte sich allerdings genau überlegen, wie lange man das durchziehen will. Wenn man fest angestellt ist, geht das in Ordnung, aber als freier Gagautor sollte es nicht für die Ewigkeit sein, denn Gags sind verderbliche Ware. Während Deine Sketche oder Sitcom-Konzepte, die von Redaktionen (die Dein Genie nicht erkannt haben) abgelehnt wurden, einfach weiter auf deiner Festplatte schlummern und wie ein guter Wein mit den Jahren immer besser werden (was natürlich Quatsch ist, aber erstmal gut klingt), werden sich Deine hochaktuellen Oneliner über einen wichtigen Politiker z. B. relativ bald in ein unansehnliches verschrumpeltes Etwas verwandeln, das nicht nur nicht lustig ist, sondern von dem niemand weiß, was das überhaupt sein soll. Was glaubst Du wohl, wie viele Gags ich über den sogenannten „Vater Graf" noch auf Lager hätte. Als ich sie Mitte der neunziger Jahre für Harald Schmidt schrieb wusste jeder, wer das war. Und heute? Weißt Du, wer das ist? Falls ja, nützt Dir das auch nichts.

Also, wenn Du schon unbedingt Gags schreiben musst, dann wähle zumindest klassische Themen. Das ist natürlich leichter geschrieben als getan. Denn die Themen, über die du schreibst, werden ja von der Redaktion der betreffenden Sendung vorgegeben, und Du hast dann zwischen zwei und achtundvierzig Stunden Zeit, Dir etwas dazu einfallen zu lassen. Trotzdem kannst Du Dich ja – insbesondere, wenn die Zeit ohnehin nicht reicht, um alle vorgegebenen Themen zu bearbeiten – auf die Themen konzentrieren, die sich lange halten werden.

Also keine Scherze über Politiker und Künstler, die in ein paar Jahren abgewählt oder nicht mehr „angesagt" sind, sondern lieber über Hitler und Beethoven.

Manchmal kann es allerdings sein, dass ein Gag später auf jemanden anderen passt, weil es gar nicht so sehr um die Person, sondern um eine bestimmte Eigenschaft dieses Menschen geht.

Gags, die ich ursprünglich über Pavarotti gemacht hatte, ließen sich vielfach später wieder als Reiner-Calmund-Pointen recyceln. Wer da dick ist, ist egal, wichtig ist nur, dass überhaupt jemand dick ist.

Außerdem wiederholen sich viele Themen ständig. Noch in jeder Show, für die ich geschrieben habe, ging es früher oder später (eher früher) um das Thema: „Männer und Frauen haben unterschiedliche Vorstellungen vom Urlaub“. Am besten, Du schreibst dazu sofort ein paar Gags. Du wirst sie bald brauchen.

Weitere klassische Themen: Fußballweltmeisterschaft, Steuererhöhung, Schlechter Service bei Bahn, Post und Telekom, Unterschiede zwischen Männern und Frauen.

Es empfiehlt sich, von Anfang an ein Stichwortverzeichnis mit Ober- und Untergruppen anzulegen, in das Du alle nichtverkauften (und auch verkauften) Gags einordnest, so dass Du bei Bedarf nur unter der Oberrubrik „Politiker“ und dort bei der „Unterrubrik“ Alkohol nachsehen musst, um Deine alten Boris-Jelzin-Witze einem aktuellen Politiker anzupassen.

Doch genug der Vorrede. Wie baut man einen Oneliner?

Ein Oneliner besteht aus zwei Teilen: Set-up und Payoff bzw. Punchline oder auf deutsch: Aufbau und Pointe.

Das Setup wird Dir vom Chefautor vorgegeben. Meistens handelt es sich um aktuelle Themen. Als ich freier Autor für Harald Schmidt war, handelte es sich immer um sechs Themen, die meistens der Titelseite der Bildzeitung entnommen waren. Oft waren es eher kleinere Randthemen, als große Weltpolitik, wie z. B. „Nelson Mandela hat geheiratet.“

Dann hatte man zwei Stunden Zeit sich etwas zu den Themen auszudenken und es an die Redaktion zu schicken. Das Gute daran, der Druck ist nicht besonders groß. Wenn Dir mal weniger einfällt (ich hatte meistens etwa zwanzig Gags) ist es auch kein Drama. Die Sendung wird deshalb nicht ausfallen und keiner wird Dich dafür schief ansehen, es liegt ja genug Material von den anderen Kollegen vor, denn außer Dir gibt es ja noch eine ganze Reihe anderer freier Autoren, die an denselben Themen sitzen, so dass die Redaktion die zehn bis zwanzig Gags, die sie für Show braucht, aus über fünfhundert Vorschlägen auswählen kann (auch wenn von denen natürlich viele Doubletten sind).

Nun denn, nach dem Du nun weißt, das Set-up heute lautet „Nelson Mandela hat geheiratet“ ist es jetzt an der Zeit, dazu einen komischen Oneliner zu schreiben. Wie wär‘s damit:

„Man hört, dass seine Braut eine Frau von großer Apartheid sein soll.“

Inhaltlich nicht schlecht, (falls Du den Gag nicht verstehst, googele die Bedeutung von Apartheit und apart), aber der Satz mit der Pointe sollte nie ein Nebensatz, sondern immer ein Hauptsatz sein. Das klingt kraftvoller und ist erfahrungsgemäß einfach lustiger. Also:

„Man hört, seine Braut soll eine Frau von großer Apartheid sein.“

Schon besser. Grammatikfanatiker werden bemängeln, dass das so nicht korrekt ist. Sie haben recht. Grammatikalisch. Aber nicht Comedytechnisch. Wir wollen nicht korrekt sein, sondern komisch.
Jetzt ist nur noch eines zu bemängeln: Das entscheidende Wort der Pointe gehört soweit wie möglich nach hinten. Am besten, es ist das letzte. Es ist unerfreulich, wenn die Zuschauer den Gag bereits verstanden haben und der Comedian noch zehn Sekunden braucht, um den Satz zu beenden. Günstiger ist es, wenn die Zuschauer bis zur allerletzten Sekunde nicht wissen, worauf der Satz hinausläuft.
Sagen wir also besser:

„Man hört, seine Braut ist eine Frau von großer Apartheid.“

Auch hier – wie bei allem, was man schreibt – gilt: Bevor Du es wegeschickst oder veröffentlichst, lies es einmal laut. Auch wenn es in Deinem Kopf perfekt klingt, Du der König der Regisseure bist und Du tausendfach sicher bist, genau im Gefühl zu haben, wie es klingt – es hört sich gesprochen eben *doch* oft etwas anders an, außerdem merkst Du nur so, ob es versteckte Zungenbrecher enthält.

Im Laufe der Zeit wirst du merken, dass viele Pointen nach einigen wenigen, sich ständig wiederholenden, Strickmustern gebaut sind.
Das Set-up lautet beispielsweise:

„Fünfzig Prozent der Bevölkerung lügen mehrmals am Tag.“

Folgende Muster tauchen bei der Punchline immer wieder auf:
„Die anderen fünfzig Prozent ...“
„Eigentlich nichts Neues, nur früher haben Sie...“
„*Lügen*, oder wie es bei mir zu Hause/bei uns in Bayern/in Amerika/bei den Taliban heißt: ...“
„In Berlin/bei meiner Frau sind es sogar 100%, weil...“
„Ich selbst lüge soviel: Ich hab schon total...“
Probiere diese Satzanfänge ruhig immer durch, das ist sehr inspirierend und achte darauf, ob der Star *Deiner* Show noch andere Formulierungen immer wieder verwendet.

Übrigens kannst Du auch das Set-up in einen Gag verwandeln. Zwar bringt der Comedian das Set-up oft einfach ganz trocken als aktuelle Meldung, aber es geht auch besser. Harald Schmidt verwendete oft die Wie-heißt-noch...? - Technik, bevor er das Setup präsentierte:

„Wie heißen noch diese hysterischen Zwerge, die immer alles kaputt machen? – Ach ja: Kinder."
Erst dann folgte das eigentliche Set-up:
„Eine aktuelle Untersuchung hat ergeben: Fünfzig Prozent aller Kinder lügen mehrmals täglich."

Eine weitere gute Technik, um Gags zu kreieren, ist, das vorgegebene Thema mit einem anderen aktuellen Thema zu kombinieren, das mit dem ersten aber nicht das Geringste zu tun hat.
Vor einigen Jahren gab es in etwa zeitgleich zwei größere Skandale: Es kam heraus, dass der Schriftsteller Günter Grass in jungen Jahren Mitglied der Waffen-SS gewesen war und, dass in vielen Lebensmittelgeschäften sogenanntes Gammelfleisch verkauft wurde.
Harald Schmidt machte daraus:
„Ich geb's zu: Ich hab' Gammelfleisch an die Waffen-SS verkauft."

Übrigens ist es immer komischer, wenn der Comedian nicht über andere, sondern von sich selbst spricht.
Also nicht: „Mein Onkel hat ... verkauft", sondern „Ich hab' ... verkauft."

Und hier noch ein absoluter Geheimtipp: Die beste Inspirationshilfe beim Gagschreiben ist der Duden Nr. 8 – Sinn- und sachverwandte Wörter.
Du guckst dann z. B. unter „Lügen" nach und findest „Schwindeln" und schon fällt dir dazu ein Gag ein. Vielleicht irgendwas mit „schwindelfrei".

Auch sehr hilfreich beim Schreiben – nicht nur von Gags – sondern überhaupt, ist die sogenannte Clustertechnik, mit deren Hilfe Du Dir blitzschnell das ganze gedankliche Umfeld eines Begriffes erschließen kannst. Nimm dazu ein Blatt Papier und schreibe diesen Begriff in die Mitte. In un-

serem Beispiel: „Lüge". Davon abgehend zeichnest Du Striche, an deren anderes Ende Du alle Begriffe schreibst, die Dir dazu in den Sinn kommen. Mir fallen dazu spontan folgende Begriffe ein: Lügendetektor, Pinocchio, schwindeln, Politiker, Betrüger, rot werden, Männer, Frauen, Kinder.
Als nächstes verbindest Du jedes dieser Wörter mit den Assoziationen, die dir wiederum dazu einfallen. Zum Beispiel: Lügendetektor: CIA, FBI, Manipulation, schwitzen, Angst, Stromkabel. Es gibt kein richtig und kein falsch. Schreib alles hin, was Dir dazu einfällt. Mit diesem Diagramm vor Augen, werden Dir bald eine Reihe von thematischen Ideen zum Grundbegriff kommen.

Wenn Du Dich als Gagautor bewerben, willst, nimm vorher entsprechende Sendungen auf und analysiere die Macharten der Gags, im nächsten Schritt hörst Du Dir die Set-ups an und schreibst dann eigene Gags. Danach hörst Du Dir die Gags an, die tatsächlich gebracht wurden und analysierst, warum sie Dir nicht selbst eingefallen sind. Nach einer Woche dürfte Dir alles klar sein. Entweder Du bewirbst Dich nun als Außenautor bei einer Sendung oder Du entdeckst, dass Dir das überhaupt nicht liegt, was auch kein Problem ist, es gibt ohnehin viel zu viele Gagautoren.

Sketche

Du willst keine Sketche schreiben? Lies diesen Abschnitt trotzdem, denn sehr vieles darin gilt auch für die Sitcom bzw. für alle Comedyformen.

Sketche sind kurze Szenen zwischen ca. sechs Minuten (heute meistens wesentlich kürzer) und zehn Sekunden. Man kann zwischen zwei Hauptkategorien unterscheiden: Sketche, die auf einer komischen Situation beruhen

und Sketche, die auf einem komischen Charakter beruhen. (Das gleiche gilt für die Sitcom)
Ein Situationsbezogener Sketch wäre zum Beispiel Monty Pythons *Der tödlichste Witz der Welt* Eigentlich agieren alle Leute in dem Sketch ganz normal, nur dass der Witz, (der so lustig ist, dass jeder, der ihn hört oder liest, sofort stirbt) so behandelt wird, als wenn er eine gerade neu erfundene verheerende Kriegswaffe wäre. Nebenbei gesagt, dies ist ein Sketch mit geradezu maximaler Fallhöhe, weil hier das Gefürchtetste überhaupt, nämlich der Tod, durch etwas total Harmloses hervorgerufen wird – nämlich durch einen Witz, und dies dann auch noch in einer sehr lächerlichen Weise, nämlich durch Totlachen. (Siehe auch Anhang: Tod durch lachen)
Eine weitere Variante ist – so wie, wenn man die beiden nicht explosiven Stoffe Nitro und Glyzerin zusammenrührt*, diese plötzlich hochexplosiv werden – zwei für sich nicht komische Dinge zusammenzupacken, die in erst der Kombination dann komisch werden.
*(Möglicherweise ist es doch ein wenig komplizierter, bzw. sehr viel komplizierter.)

Solche Sketche sind – wenn man erstmal die richtige Idee hat – gar nicht so schwer zu schreiben, da im Vergleich zu der Szene, wie sie normalerweise stattfindet, nur *ein* Element ausgetauscht werden muss. Etliche Pythonsketche beruhen auf diesem Prinzip: z. B. die gefährlichen Rocker-Omis oder Bicycle-Repairman (ein Superheld, dessen geheime Superkraft darin besteht, Fahrräder reparieren zu können) oder Schriftsteller Thomas Hardy der auf dem Spielfeld eines voll besetzten Fußballstadions beginnt, seinen neuen Roman zu schreiben, während dies gleichzeitig wie ein Fußballspiel kommentiert wird und die Zuschauer bei jedem neuen Wort, das er zu Papier bringt, in Jubel wie bei einem Tor ausbrechen.
Hier ein Beispiel für einen solchen situationsbezogenen Sketch:

In Flagranti

Ein Mann und eine Frau sitzen weit voneinander entfernt auf einem Sofa und unterhalten sich. Er hat ein Buch in der Hand.

MANN
Eine interessante These, hat aber andererseits Nietzsche in „Jenseits von Gut und Böse" nicht eine ganz gegenteilige Auffassung vertreten?

EHEFRAU
Nein, nicht Nietzsche, sondern Wittgenstein.

MANN
Ah, Wittgenstein, natürlich.

EHEMANN
(Betritt das Zimmer, er prallt schockiert zurück.)
Was ist hier los?

MANN (Unsicher)
Oh, hallo, Martin, ich...äh...

EHEFRAU (Ebenso)
Oh, Schatz, hallo, ich... wir haben nur...

EHEMANN (Wütend)
Was?! Ihr habt was?!

EHEFRAU
Es ist nicht so, wie es aussieht. Wir...

MANN
Ja genau wir...ich kam zufällig vorbei...und wir haben nur...

EHEMANN
Nur was?!

FRAU (Hat endlich eine Idee)
...nur ein bisschen rumgemacht. Stimmts?
(Geht zu dem Mann umarmt und küsst ihn heftig.)

MANN
Äh, ja, genau. So war's. *(Küsst sie ebenfalls, im Folgenden wird das Liebesspiel immer wilder, wobei es immer nur dazu dient, den Ehemann zu überzeugen.)*

EHEMANN
Nur ein bisschen rumgemacht, hä? Für wie dumm haltet Ihr mich eigentlich. Und wie erklärt Ihr mir, dass Ihr vollständig angezogen seid, hä?!

MANN
Ja, das ist nur, weil…

EHEFRAU
...uns so kalt war

(Beide mimen frieren)

EHEMANN (Sarkastisch)
Ach verstehe, und da muss man sich natürlich gleich mal dicke Jacken anziehen.

MANN
Und außerdem wollte ich gerade eben anfangen, Deine Frau auszuziehen. *(Zieht ihr die Jacke aus und wirft sie weg)* Stimmts, Süße?

EHEFRAU
Ja, Liebling. *(Zieht ihm die Jacke aus und wirft sie weg.)*

EHEMANN (Beruhigt sich)
Naja, gut, wenn das so ist… Ich hatte schon fast den Eindruck... He, Moment mal! Was ist denn *das*? *(Er entdeckt das Buch auf dem Sofa)*

EHEFRAU *(Unschuldig)*
Was denn?

EHEMANN
Das hier! Das ist ja wohl ein Buch, soviel ich weiß!

MANN
Äh, nein, das ist doch kein Buch, das ist...

EHEFRAU
Das ist nur so ein...

EHEMANN (Brüllt)
Natürlich ist das ein Buch. Meint Ihr, ich bin von gestern? Ich erkenne ein Buch, wenn ich eins sehe. Und ich weiß auch genau, was man damit macht. Ja, da guckt Ihr, was? Das hättet Ihr mir wohl nicht zugetraut, hä? Ich hab‘

schon Bücher benutzt, als Ihr noch gar nicht wusstest, dass es sowas gibt! Also, was macht das Buch hier?!

MANN
Es ist nur...äh Pornographie.

EHEFRAU (Beruhigend)
Ja, total versaut.

EHEMANN
Total versaut?! Ach ja? Schopenhauer? Gesammelte Werke. Band 4. Mit einem Vorwort von Dr. Dr. Wilhelm Balters. Das ist ja wohl ganz klar Philosophie!

MANN
Das... gehört mir nicht.

EHEMANN
Wem dann? Dir etwa?!

EHEFRAU (Hastig)
Nein, nein, das...muss der Klempner, der heute morgen hier war, verloren haben. Der kam mir gleich so komisch vor. Weißt Du nicht mehr, wie ich noch gesagt habe, wenn das mal nicht ein Intellektueller ist.

MANN
Ja, bei diesen Klempnern weiß man doch nie. Viele von diesen Typen haben sogar studiert.

EHEMANN (Nachdenklich)
Ja. Ich weiß, ich weiß.

EHEFRAU
Du hast einfach eine kranke Phantasie.

MANN
Du bist einfach ein bisschen zu misstrauisch, Martin. Hier: Sieht das etwas nach Philosophie aus?
(Küsst sie heftig)

EHEMANN
(Sieht es sich genau an.)
Nein, natürlich nicht. Hast ja recht. War dumm von mir. Entschuldigt bitte.

EHEFRAU
(Während wildem Geknutsche, kaum verständlich)
Schon gut, Schatz.

EHEMANN
Okay, dann lasst euch nicht stören. Wiedersehen Gerhard.
(Gerhard schüttelt ihm die Hand, ohne mit dem Geknutsche aufzuhören.)
Verzeihung *(ab)*

BLACK

Die Situationen in dem Sketch sind keineswegs neu. Der einzige Unterschied besteht darin, dass die beiden nicht versuchen, den wütenden Ehemann davon zu überzeugen, dass sie keine Affäre miteinander haben, sondern, *dass* sie eine haben.

Grundsätzlich sind Texte (egal ob Sketch oder Sitcom), die ihre Komik aus dem Charakter der Figuren beziehen und nicht aus der Situation leichter an den Mann zu bringen. Denn produktionstechnisch kostet Charakter nichts, aber Situationen können sehr teuer werden.
Auch ist der Charakter ein guter Ansatz, um ideentechnisch einen Fuß in die Tür zu kriegen. Du brauchst nur eine (oder mehrere) negative Eigenschaft(en) in extremer Form auf ganz normale Situationen anwenden und schon entwickelt sich eine komische Geschichte. Dies ist einer der ältesten Kunstgriffe, und er funktioniert immer wieder. Von der Comedia dell'arte (mit ihren standardisierten Typenfiguren) über Molierestücke wie *Der eingebildete Kranke* oder *Der Geizige* bis hin zu Louis de Funes oder Mr. Bean, der praktisch alle nur denkbaren schlechten Eigenschaften in sich vereinigt, darum ist er auch so erfolgreich. Versuche dabei, so extrem wie möglich zu sein und so weit zu gehen, dass es gerade noch in der Realität denkbar wäre (*Fawlty-Towers* bewegt sich oft meisterhaft genau auf dieser Grenze) und nicht völlig irreal wird. Dann kippt es nämlich und wird einfach nur noch lächerlich. – Auf ärgerliche und langweilige Weise.

Das Komische ist nur komisch, solange es von Ernsthaftigkeit umgeben wird. Sie braucht diese wie ein Parasit seinen Wirt. Komik, die von noch mehr Komik umgeben ist, hat keine Bezugsebene mehr und ist nur noch ein uninteressantes Wischiwaschi. (Ein Fehler, der z. B. in der Serie *American Dad* oder mit fortschreitender Dauer immer öfter in dem TV-Format *Ally McBeal* gemacht wurde.) Man stelle sich einen Film vor, in dem alle Figuren wie Mr. Bean agieren. Es wäre unerträglich.

Hier eine kleine Liste negativer Eigenschaften: Dummheit, Geiz, Ängstlichkeit, Feigheit, Missgunst, Schüchternheit, Inkompetenz, Gefräßigkeit, körperliche Gebrechen und die sieben Todsünden.

Was auch immer für Charaktereigenschaften Du wählst, folgende Eigenschaften hat fast jede komische Figur:
Sie hat eine spezielle Weltsicht, auch bekannt als „Komische Perspektive". Sie sieht die Welt anders als der Normalmensch und versucht, die Welt den eigenen Macken anzupassen, statt umgekehrt. Stichwort: Wer nur einen Hammer hat, dem wird die ganze Welt zum Nagel. Die eigenen Macken zu behalten und ihnen gerecht zu werden, ist ihr wichtiger, als Erfolg zu haben. Da sie keinerlei Selbsterkenntnis hat, lernt sie nie dazu, gibt aber auch nie auf. Sie ist gegen ihren eigen Willen leicht durchschaubar und man sieht ihr ihre Gefühle an, auch dann, wenn sie diese zu verbergen sucht. Grundsätzlich ist die komische Figur auf einem Irrweg und arbeitet gegen sich selbst.

Bei aller Fehlerhaftigkeit ist es wichtig, dass die Figur sympathisch bleibt (wenn Du Dir aus diesem Buch nur eine Sache merkst, dann diese), und das wird erreicht, indem sie verwundbar ist. Nehmen wir zum Beispiel die Figuren, die von Louis De Funes dargestellt werden. Durch die Bank entsetzliche Typen, mit denen man im wirklichen Leben nichts zu tun haben wollen würde. Aber zwei Eigenschaften machen ihn dennoch sympathisch. Zum einen seine Durchschaubarkeit, beispielsweise, wenn er vergeblich versucht, seine Eitelkeit mit Bescheidenheit zu tarnen, aber vor allem, dass er selbst das größte Opfer seiner cholerischen Anfälle ist. Denn er leidet dabei nicht nur, sondern er macht sich durch seine Unsouveränität angesichts irgendwelcher Nichtigkeiten auch lächerlich.

Manche Eigenschaften müssen auch nicht per se negativ sein, sondern sind es vielleicht nur im Kontext mit Deiner Figur. Es ist zum Beispiel okay, zwölf Jahre alt zu sein, aber nicht, wenn man Minister ist; man kann durchaus Pazifist sein, aber nicht als Auftragskiller.

Auch ist es möglich, dass Deine Figur nicht zu schlecht geeignet für seine Aufgaben ist, sondern – und das ist deutlich cleverer – zu gut. Mit der Betonung auf dem „zu".

Monty Pythons Sketch *Die verschmutzte Gabel* funktioniert nach diesem Prinzip.

Hier ein Beispielsketch, bei dem man auch sehen kann, wie eine von vorneherein unerfreuliche Situation immer noch schlimmer werden kann:

Die Anzeige

Büro im Polizeirevier **INNEN/TAG**

(Eine Frau betritt unsicher ein Büro im Polizeirevier.)

FRAU
Guten Tag, Entschuldigung, bin ich hier richtig? Ihr Kollege vorne sagte, dass ich hier meine Anzeige zu Protokoll geben kann.

POLIZISTIN
(Sehr freundlich und fürsorglich:)
Ja, das ist völlig richtig. Kommen Sie doch bitte rein. – Nehmen Sie Platz.

FRAU
(Sie ist noch etwas verstört. Sie zeigt auf einen der beiden Stühle.)
Hier?

POLIZISTIN
Ja, wenn Sie möchten; oder auf den *(Deutet auf den anderen Stuhl),* wenn Sie lieber *dort* sitzen wollen. Ganz, wie sie möchten. Hier geht es ja schließlich um Sie. *Sie* müssen sich wohlfühlen.

FRAU
(Setzt sich)
Danke. Also, das war so...

POLIZISTIN
Entschuldigung: Einen Tee vielleicht?

FRAU
Was? Oh ja, danke. Also, ich...

POLIZISTIN
Darjeeling oder Hagebutte?

FRAU
Äh...

POLIZISTIN
Oder möchten Sie lieber einen Kaffee?

FRAU
Nein, nein, Darjeeling ist gut. Ich möchte Ihnen auch keine Umstände machen.

POLIZISTIN
Das *sind* keine Umstände. Dafür sind wir da. Also, was darf sein?

FRAU
Darjeeling wäre schön.

POLIZISTIN
Kommt sofort. *(Während sie den Tee eingießt.)* Also: Ich habe Sie unterbrochen. Was ist denn passiert?

FRAU
Ja – also, ich bin heute morgen mit der U-Bahn unterwegs gewesen...

POLIZISTIN
(Gibt ihr den Tee, und hockt sich vor die Frau und legt ihr tröstend die Hand auf den Arm.) Verstehe, und dann?

FRAU
Ich bin am Rathaus ausgestiegen...

POLIZISTIN
Ja?

FRAU
...und da war so ein Gedränge...

POLIZISTIN
Oh, ja, das kenne ich. Das ist ganz schlimm da.

FRAU
...und plötzlich ist von hinten ein junger Mann gekommen und hat mir meine Handtasche weggerissen...

POLIZISTIN
(Schreit entsetzt auf)
Oh, mein Gott, das ist ja furchtbar. Etwa mit all Ihren Sachen drin?

FRAU
Ja...

POLIZISTIN
(Entsetzt) Geld, Papiere, Kreditkarten, Handy, Schlüssel?!

FRAU (Nickt)
Hmhm.

POLIZISTIN
Alles weg?

FRAU
Ja.

POLIZISTIN
Oh mein Gott, mein Gott, das ist ja furchtbar. *(Sie fängt an zu weinen.)* In was für einer Welt leben wir eigentlich? Das ist ja so gemein. So wahnsinnig gemein. Entschuldigen Sie bitte...
(Sie läuft weinend raus. Die Frau bleibt irritiert zurück.)

(Nach kurzer Zeit betritt ein Polizist das Büro)

POLIZIST 1
(Sehr gut gelaunt)
Hallöchen, meine Kollegin braucht mal kurz ne Auszeit. *(Mit tiefer Stimme:)* Ich übernehme den Fall. *(Wieder mit normaler Stimme:)* Also, wer ist ermordet worden?

FRAU
Ermordet? Niemand.

POLIZIST 1
Weiß ich doch. War'n Scherz.

FRAU
Ah. Ja. Also, ich hab's schon Ihrer Kollegin berichtet: Ich fahre heute morgen mit der U-Bahn zur Arbeit, und...

POLIZIST 1
(Mit anzüglich-amüsiertem Unterton)
Aha. Mit Der U-Bahn. Zur „Arbeit". So kann man's auch nennen.

FRAU *(Irritiert)*
Äh, ja, und als ich aussteige, kommt plötzlich ein junger Mann von hinten...

POLIZIST 1
Von hinten. Oho.

FRAU
...ja, und reißt mir die Handtasche weg...

POLIZIST 1
(Bricht in schallendes Gelächter aus.)
Alles klar! Das ist gut! - Okay, und weiter?

FRAU
Er ist dann weggerannt und hat dabei noch eine alte Dame umgestoßen...

POLIZIST 1
(Heftig lachend)
Das wird ja immer besser! Haut voll die Alte um.

FRAU
...die sich den Arm gebrochen hat, und...

POLIZIST 1
(Bricht endgültig vor Lachen zusammen.)
Okay Danke. Das reicht, den Arm gebrochen...Ich werd nich wieder.
(Verlässt von Lachen geschüttelt das Büro, wobei er mehrere Gegenstände und Möbel umreißt. Man hört sein Lachen langsam in der Ferne verschwinden.)

(Nach einem kurzen Moment der Stille reißt ein zweiter Polizist die Tür auf. Er ist ein vierschrötiger Choleriker mit Zigarette im Mundwinkel und Schulterhalfter, der äußerst furchterregend wirkt.)

POLIZIST 2
Okay, Baby, jetzt ist Schluss mit den Spielchen!

FRAU
Was?

POLIZIST 2
Jetzt reden wir mal Klartext. Wenn Du glaubst Du kannst uns hier verscheißern, dann hast Du Dich aber böse geschnitten, Baby!

FRAU
Was soll das? Wovon reden Sie?

POLIZIST 2
(Beugt sich bedrohlich über sie.)
Jetzt hör mal zu Schätzchen, ich hab‘ schon ganz andere als Dich zum Reden gebracht. Schon *ganz* andere.

FRAU
(Ängstlich) Hören Sie auf damit.

POLIZIST 2
Was?! Was hast Du gesagt?!

FRAU *(Ängstlich)*
Sie sollen aufhören...

POLIZIST 2 (Angewidert)
Ihr Typen macht mich wirklich krank. Und jetzt mach das Maul auf, bevor ich es aus Dir rausprügele!

FRAU
(Schubst ihn weinend weg)
Lassen Sie mich in Ruhe.

POLIZIST 2

(Obwohl es nur ein leichter und ungeschickter Stoß war, stürzt er dramatisch mit einem Stuhl um.)

Okay, das war's. Du willst es ja nicht anders!

(Er nimmt ein Stuhlbein des zerbrochenen Stuhls und stürzt sich auf die Frau. Sie hebt mit angstverzerrtem Gesicht die Arme. Das Bild der beiden friert ein.)

POLIZIST 2

(Stolz in die Kamera)

Null Toleranz. Ein Konzept Ihrer Landespolizei Mecklenburg-Vorpommern.

BLACK

Meta-Ebene

Zum Schluss sei eine besonders reizvolle Art der Komik genannt. In ihr geht es weniger um den Inhalt, sondern sie läuft auf der Meta-Ebene ab. Die Machart des Textes, bzw. der Autor des Textes ist das Objekt, über das sich lustig gemacht wird. Zum Beispiel, wenn eine Figur in den Simpsons sagt, dass Matt Groenig (der Erfinder der Simpsons) ein miserabler Zeichner ist, woraufhin im Bild ein riesengroßer Bleistift mit Radiergummi auftaucht, der diese Figur scheinbar wegradieren will. Im nächsten Moment verlässt die Szene wieder die Meta-Ebene, da sich herausstellt, dass es sich bei dem riesigen Bleistift um ein riesiges Werberequisit handelt, das gerade jemand hineinträgt.) Die Auftritte von Comedian Helge Schneider laufen gar komplett auf der Meta-Ebene ab.

Hier ein Sketch, der offenbar von einem wahnsinnigen Postbeamten verfasst wurde:

Postalisches Drama

WOHNUNG INNEN TAG

(Eine Frau ist gerade dabei, die Schleife auf einem sehr(!) großen Geschenkpaket anzubringen. Sie nimmt das Paket in beide Hände und begutachtet ihr Werk.)

SFX ES KLINGELT AN DER TÜR

FRAU
(Läuft mit dem Paket zur Tür und ruft hindurch)
Ja bitte?

LIEBHABER *(Ruft von draußen)*
Ich bin's!

FRAU
(Erschrocken, aber auch erfreut)
Bist du wahnsinnig, mein Mann ist nur ganz kurz was einkaufen gegangen. Er kann jeden Moment wieder zurück…

LIEBHABER
Lass mich rein, ich muss dich einfach sehen, und wenn's nur eine Minute ist!

FRAU
Na gut, aber nur *eine* Minute!
(Sie öffnet, behindert durch das Paket, mühsam die Tür.)

LIEBHABER
(Er betritt die Wohnung, auch er trägt einen riesigen Karton.)
Danke! Ich bin gerad auf dem Weg zur Post. Als ich an deinem Haus vorbeikam, hat's mich gepackt: Ich musste dich einfach sehen.

FRAU
Ach, Paco, Du bist so süß.
(Sie versuchen, sich zu umarmen und zu küssen, was aber auf Grund der riesigen Pakete nur sehr unzureichend und unter größten Verrenkungen möglich ist. Schließlich reiben sie wollüstig ihre Kartons aneinander.)

SFX ES KLINGELT AN DER TÜR

FRAU *(Panisch)*
Oh nein, mein Mann! Wenn er dich hier sieht, schlägt er dich zu Brei.

LIEBHABER
Oh Gott! Ist er so stark?

FRAU
Stark? Er hat riesige Muskelpakete! Schnell, versteck dich irgendwo!

LIEBHABER
Wo denn? *(Sucht verzweifelt ein Versteck. Schließlich kniet er sich hinter sein Paket, ohne es jedoch dabei loszulassen. Er ist immer noch zu sehen.)*

FRAU
Man sieht Dich noch!
(Sie stellt ihr Paket auf seins. Jetzt ist er nicht mehr zu sehen.)

LIEBHABER
(Stöhnt angestrengt) Ja, viel besser so.

FRAU
(Flötet) Ich koooomme!
(Sie eilt zur Tür und öffnet.)

PAKETBOTE *(Man hört nur seine Stimme)*
Ein Paket für Sie.
(Er bleibt draußen stehen, als er ihr ein Paket überreicht, das noch größer ist, als die anderen beiden. Man sieht dabei nur seine Arme.)

FRAU
Ah, wunderbar, darauf hatte ich schon gewartet.
(Sie schließt die Tür mit dem Fuß.)

LIEBHABER
*(Richtet sich mit beiden Paketen auf.
Seine Stimme ist vor Anstrengung gepresst.)*
Puh, ich glaub‘, ich war noch nie im Leben so erleichtert.

FRAU
(Mit dem Paket)
Herrjeh, mein Herz, ich nähere mich jetzt schwer dem Alter, wo man solche Belastungen nur noch schwer erträgt.

LIEBHABER
Nun tu doch nicht so, als ob du schon eine alte Schachtel wärst. Das Einzige, was dich belastet, ist dein Mann. Du solltest ihn wegschicken.

FRAU
Ach naja, wir alle haben unser Päckchen zu tragen. Mein Mann ist eigentlich schwer in Ordnung.

LIEBHABER
Jetzt mach es ihm nicht zu leicht. Es gibt gewichtige Gründe, die…

EHEMANN
(Kommt mit einem gigantischen Fernsehkarton rein.)
Überraschung! Die haben den Fernseher sofort umgetauscht, als mich mal richtig beschwert habe. – Was ist hier los?!

FRAU
Oh Schatz, das ist nur – der Paketbote. Er wollte gerade gehen.

EHEMANN
Was?!

FRAU
Bist du schwerhörig? Der Paketbote.

EHEMANN
Der Paketbote? Das lässt sich leicht feststellen. Antworten Sie: Wie lautet die Postleitzahl von Schwerte?

LIEBHABER
Äh…. *(Macht einen Fluchtversuch.)*

EHEMANN
Ha! Ich wusste es! Wenn ich dich zu packen kriege! Ich bring dich um! *(Er jagt ihn durch die Wohnung. Sie prügeln sich, so gut es mit den Paketen geht.)*

FRAU *(Genervt zum Zuschauer)*
Das passiert, wenn Postbeamte Sketche schreiben.

BLACK

Übrigens ist die Metaebene auch eine Möglichkeit, sehr schlechte Gags unterzubringen. Nämlich, indem eine Figur diesen Gag selbst als Gag erzählt und ihn dabei großartig und lustig findet, während die Figuren, denen er erzählt wird, darüber gar nicht lachen können.

Und auch das Umgekehrte ist möglich. In der siebten Staffel der Sitcom *Pastewka* (in der Bastian Pastewka und weitere Prominente sich (angeblich) selbst spielen, wirken Pastewka und Anke Engelke in einer fiktiven Neuauflage der Sketchserie *Sketch up* mit. Diese Serie aus den achtziger Jahren war allerdings besonders für ihren Holzhammerhumor bekannt und teilweise – absichtlich – so doof, dass es schon wieder lustig war. Jedenfalls eine Sitcom, die schauspielerisch und inhaltlich weit unter dem üblichen Niveau von Pastewka und Engelke liegt. Darum beteuern beide in der Folge ständig, dass sie aus der schrecklichen Sketch-up-Serie rauswollen. Trotzdem sehen wir sie in mehreren dieser Sketche, die dem Original perfekt nachempfunden sind, was mit diesen beiden Schauspielern auf dieser Meta-Ebene aber nun noch komischer ist und auch nicht künstlerisch zu ihrem Nachteil ausgelegt werden kann, da sie ja ständig selbst betonen, dass das Mist ist.

Eine weitere Methode ist, die Parodie, die das Prinzip der Fallhöhe am offensichtlichsten verwendet. Personen oder Institutionen, denen wir mit (positivem oder auch negativen Respekt) begegnen, werden klein gemacht. Zum Beispiel Terroristen:

Terror für Anfänger

VOLKSHOCHSCHULE INNEN – TAG

LEHRERIN
(Ende dreißig, Ökotyp mit Birkenstocksandalen, humorlos)
Also noch mal für alle: der Kurs „Tourismus für Anfänger“ findet nebenan im Raum sechzehn statt. *Dies* ist der Kurs „Terrorismus für Anfänger“. Wer daran kein Interesse hat, geht jetzt bitte.

(Etwa die Hälfte der Schüler steht auf und verlässt den Raum. Zurückbleiben, wie man jetzt erst sieht, nur Schüler zwischen dreißig und fünfundvierzig, unterschiedlicher Nationalität, die alle äußerst gefährlich und aggressiv aussehen – Narben, Augenklappen, unrasiert u.a.m. – Sie sind alle schwer bewaffnet. Der Unterricht verläuft aber äußerst diszipliniert. Wer etwas sagen will, meldet sich brav.)

LEHRERIN *(Gelangweilt)*
So, wir kommen jetzt noch einmal auf unser aller „Lieblingsthema" zurück: *(Unterdrücktes Nölen einiger Schüler)* Der Einsatz Thermonuklearer Waffen mittels elektronischer Zeitzündung...Ja, da brauchen Sie gar nicht zu stöhnen, *mir* ist das doch egal: *Ich* muss ja nächste Woche keine Zwischenprüfung machen. Also: Die Detonation: Die größtmögliche Schadenswirkung erreichen wir, indem wir...? Ja?

TERRORIST 1
(Ein Streber. Er sieht aus wie Dr. Evil aus „Austin Powers".)
In dem wir die Bombe im Zentrum einer Großstadt zünden.
(Lacht teuflisch)

LEHRERIN
Sehr schön. Weitere Möglichkeiten. Du!

TERRORIST 2
(Erschrocken, dass er aufgerufen wurde)
...äh, äh, eine besonders große Bombe nehmen?

LEHRERIN
Ja, warum nicht. *(Terrorist 3 meldet sich.)* Ja, bitte.

TERRORIST 3
Also ich kapier' das immer noch nicht: Wen wollen wir umbringen? Und was bringt das eigentlich?

(Der Spott der Klasse bricht über ihn herein - Idiot/ Oh, Mann/ Blödi, etc. Terrorist 1 wirft ihm eine Papierkugel an den Kopf.)

LEHRERIN *(zu Terrorist 1)*
Das hab' ich gesehen. Ist das die Art, wie wir hier miteinander umgehen wollen?! Papierkügelchen werfen? Ich glaube nicht!

TERRORIST 1 *(Schämt sich)*
Tschuldigung.

LEHRERIN
Wer kann die Frage beantworten? Wen wollen wir umbringen? Ja?

TERRORIST 4
Die Kapitalistenschweine!

LEHRERIN
Ja, etwas sehr allgemein, aber kann man gelten lassen. Wen noch?

TERRORIST 2
Die Engländer.

LEHRERIN
Gut, weiter.

TERRORIST 4
Die Amerikaner!

LEHRERIN
Guten Morgen: Kapitalistenschweine hatten wir schon genannt. Da sind die Amerikaner natürlich mit drin. Weiter.

TERRORIST 5
Franzosen.

LEHRERIN
Gut.

TERRORIST 2
Eskimos.

LEHRERIN
Ja – wär' mal was Neues. Schöne Idee. Weiter.

TERRORIST 1
Die ungläubigen Katzen!

LEHRERIN *(Verbessert)*
Hunde. Die ungläubigen Hunde.

TERRORIST 1
Was? *(Sieht irritiert in sein Lehrbuch)* Ach ja, genau: Hunde *(Unterstreicht es).*

LEHRERIN
Gut, und warum wollen wir das?

TERRORIST 4
Damit äh, damit...

TERRORIST 5 (*Vorlaut*)
...damit die tot sind.

LEHRERIN
Gut, warum?

TERRORIST 4 *(Fanatisch)*
Damit sie wissen, dass wir da sind!

LEHRERIN
Fast richtig: Nicht, dass wir „da“ sind, sondern dass wir...na?...

TERRORIST 2
...dass wir da-gegen sind!

LEHRERIN
Exakt. Wir sind dagegen. Absolut. Bis zum letzten Atemzug!

TERRORIST 3
Und wogegen genau sind wir?

LEHRERIN
Das kommt nächstes Semester. Weitere Fragen?

(Ein achtköpfiges militärisches Sondereinsatzkommando bricht durch Türen und Fenster. Riesenaufruhr. Man hört Durchladegeräusche und Befehle:

SEK
Alle auf den Boden! Sofort! Keiner bewegt sich! *(usw).*

LEHRERIN *(Genervt)*
Herr im Himmel! Dies ist der Kurs für *Terrorismus*. *Tourismus* ist nebenan.

OFFIZIER *(Ein Spanier)*:
Verstehe! *(Mehr zu sich:)* Diese verfluchten Touristen! Machen sich auf unseren Stränden breit. Irgendwann kriegen wir sie alle.

(Das Kommando stürmt mit großem Lärm aus dem Zimmer. Einen Moment später hört man sie ins Nachbarzimmer eindringen und eine große Schießerei, Explosionen und Schreie, dann Stille.)

LEHRERIN
Ja, dann machen wir mal für heute Schluss. Beachten Sie bitte nächste Woche das Workshop-Angebot und besonders unseren Schnupperkurs „Fanatismus leicht gemacht“ Bitte bequeme Wollsocken und eine Boden-Luft-Rakete mitbringen.

In diesem Sketch werden Terroristen gezeigt, die sich in einer speziellen Situation anders verhalten als sonst (nämlich wie Schüler).

Eine andere Variante der Parodie ist jemand zu zeigen, der sich zwar verhält, wie man es von ihm üblicherweise erwartet, es passt nur nicht zur Situation:

Aus dem Krisengebiet – Berlin

KRIEGSBERICHTERSTATTER

(Er trägt eine Splitterschutzwese, hält ein Mikro in der Hand und spricht in die Kamera)

Guten Abend, ich melde mich hier live aus dem Krisengebiet, und zwar befinde ich mich hier vor dem Café Einstein in Berlin. Berlin – das ist eine größere Ortschaft, etwa 2800 Km vor den Toren von Bagdad gelegen. Die Situation scheint hier zurzeit, anders als in Basra oder auch in Falludschah, verhältnismäßig ruhig zu sein. Soweit es mir bekannt ist, hat es heute und auch in den letzten Tagen keinerlei Anschläge auf das amerikanische Militär hier gegeben, welches – ich kann es mir nicht anders erklären – anscheinend eine neue Strategie verfolgt und sich praktisch gar nicht mehr in der Berliner Öffentlichkeit zeigt. Vielleicht auch eine Reaktion auf das Verhalten der Iraker, die hier im Berliner Stadtbild keine Rolle mehr spielen. Einzig und allein die Berliner, das ist eine gemäßigt christlich orientierte Bevölkerungsgruppe, sind hier überall in den Straßen und auf den Plätzen anzutreffen. Es ist daher schon eine etwas gespenstische Atmosphäre hier. Auch wir westliche Journalisten fühlen uns hier zunehmend unsicher, zumal es gestern Abend im Adlon, einem Hotel, in dem wir provisorisch untergebracht sind, gegen 20.30 Uhr Ortszeit eine Explosion gab, verursacht durch einen Granatwerfer russischer Bauart. So vermuteten Geheimdienstexperten zumindest zunächst, es war dann aber doch nur der Zimmerservice, der etwas heftig an die Tür geklopft hatte. Ein kleiner, scheinbar unwichtiger Zwischenfall, so möchte man meinen, aber die Nerven liegen – das kann sicher jeder verstehen – natürlich blank. Zumal ja auch zur Stunde niemand mit Sicherheit sagen kann, ob nicht doch Terrorchef Aiman az Zawahiri hier die Hand im Spiel hatte. Das Hauptproblem hier in Berlin liegt indes ganz woanders, nämlich in der Versorgungslage, die – man muss es so sagen – einer humanitären Katastrophe gleichkommt. Einen ersten Eindruck davon konnte ich bereits bei meiner Ankunft am Bahnhof von Berlin gewinnen, als ich von mehreren jungen Menschen spontan gefragt wurde, ob ich mal einen Euro hätte. Trotzdem –– und das ist das Erstaunliche – lassen sich die Berliner nicht entmutigen, sie sitzen fröhlich lachend in den Cafés und Gartenlokalen und viele gehen auch ins Kino oder gar ins Theater, als ob sie das alles nichts anginge. Wobei man sich vor Augen halten muss, dass der Preis von umgerechnet vier Euro zwanzig für ein Stück Marzipantorte mit Sahne eine Summe ist, für die hier ein durchschnittlicher Angestellter bis zu, umgerechnet, drei Minuten arbeiten muss. Und noch vor einer Stunde konnte ich eine ältere Frau beobachten, die vergnügt vor sich hinlächelte, als sie das Café betrat, so als wollte sie sagen: Zum Teufel mit dem ganzen Terror hier, ich geh' jetzt lecker, was futtern. Und mit diesen Eindrücken: Zurück ins Studio.

BLACK

Zum Schluss ein kleines, naturgemäß total unvollständiges, Starterset zur Themenfindung:

Vor Gericht, Beerdigung, Kochen, Gartenarbeit, Unfall, Im Zug, Autopanne, beim Therapeuten, beim Arzt, Träume, Sport, Krankheit, Kreuzworträtsel, im Spielcasino, Interview, Autokauf, Wunderpille, Lotto, Umschulung, Ballonfahrt, IQ-Test, im Urlaub, am Flughafen, Rendezvous, im Kino, Heiratsantrag, Hochzeit, Bombenentschärfung.

Radiocomedy

Radiocomedys funktionieren im Prinzip genauso wie Sketche, aber es gibt einige Besonderheiten zu beachten. Der Zuhörer kann nicht sehen, was vor sich geht, trotzdem muss er sofort verstehen, wo das ganze stattfindet, beispielsweise, wer gerade zur Tür reinkommt und vieles mehr. Das muss akustisch vermittelt werden und zwar möglichst subtil. Gerade in der Radiocomedy passiert es oft, dass die Figuren bestimmte Texte sprechen, weil der Autor das gerade so braucht, damit der Hörer alles versteht:

Sie, als mein langjähriger Nachbar, sollten doch am besten wissen, dass...

So bitte nicht! Niemals sollte eine Figur etwas sagen, was sie nicht wirklich von sich aus sagen würde, nur weil Du es brauchst, um so eine Information zu transportieren. Achte mal darauf, wie oft sich Figuren in TV-Sendungen minderer Qualität als „Bruderherz“ bzw. „Schwesterherz“ ansprechen. Sehr oft. Im wirklichen Leben habe ich das noch nie gehört. Ein typisches Beispiel für Autorenfaulheit. Versuch solche Informationen nebenher zu vermitteln, so dass der Hörer die nötigen Informationen untergejubelt bekommt, ohne dass es ihm auffällt. Beispielsweise: „Wann hast Du zuletzt Mutter angerufen?“

Zur Verdeutlichung, wo etwas spielt, stehen natürlich auch Geräusche (die sogenannten SFX = Special Effects) zur Verfügung (z. B. SFX WALD (Blätterrauschen, in der Ferne ein Kuckuck) oder SFX BAR (Gläserklirren, leise Pianomusik, dezente Gemurmel im Hintergrund).

Problematisch ist es, wenn im Gespräch der Figuren Pausen eintreten. Das kann natürlich um des komischen Effekts Willens sinnvoll sein, zum Beispiel, weil die eine Figur etwas begriffsstutzig ist, aber eine Sekunde Stille im Radio ist schon eine gefühlte Ewigkeit. Manchen Zuhörer, werden dann denken, ihr Radio sei plötzlich kaputt. Es ist daher immer gut, wenn dann zumindest solange ein Hintergrundgeräusch zu hören ist (Uhrenticken,

Straßenlärm, Musik, welche die Figuren gerade hören o.a.). Notfalls kann man es kurz vor der bewussten Stelle etablieren, und danach unauffällig wieder wegschummeln.
Der wirkungsvolle Einsatz von Geräuschen ist überhaupt der große Vorteil gegenüber visueller Komik. Ob Deine Szene am Frühstückstisch spielt, oder im U-Boot, macht finanziell und technisch keinen Unterschied, es ist einfach nur ein Geräusch aus dem Tonarchiv. Insofern bietet die Radiocomedy die Gelegenheit, der Phantasie freien Lauf zu lassen und Szenen zu schreiben, die als Film viel zu teuer zu realisieren wären. Schloss Versailles, der Gipfel des Mount Everests oder eine Südseeinsel? Kein Problem.

Unbedingt ist bei der Radiocomedy die Länge zu beachten. Sie sollte zwischen sechzig und neunzig Sekunden liegen. Schon hundert Sekunden Länge können dazu führen, dass der Sketch vom Sender abgelehnt wird. Glaubst Du nicht? Glaub es lieber! Versuche, gleich beim Schreiben drauf zu achten, denn hinterher um zehn Sekunden zu kürzen ist die Hölle, wenn nicht gar unmöglich. Zehn Sekunden sind zwar nicht viel Zeit, aber es handelt sich immerhin um zehn Prozent des gesamten Sketches, der idealerweise nur Sätze beinhalten sollte, die entweder für das Verständnis unbedingt nötig oder komisch sind. Von den für das Verständnis nötigen Sätzen kannst Du gar nichts kürzen, weil es sonst unverständlich wird, also muss das Komische dran glauben. Dann hast du einen verständlichen Sketch der nicht sehr komisch ist. Mit der Zeit wirst du aber ein ziemlich genaues Gefühl dafür kriegen, wie viele Sekunden Dein Sketch dauert. Wenn Du nicht sicher bist, baue Deine Sätze so, dass man Passagen, herausnehmen kann, ohne dass man es merkt. Das könnte z. B. so aussehen, wie in dieser Folge meiner Radiocomedy *Küss mich, Kanzler*.

KMK 1508 DIE BRILLE

SFX ANGELA MERKEL TAPPT DURCH DIE WOHNUNG UND SUCHT IHRE BRILLE, DIVERSE RUMKRAMGERÄUSCHE

MERKEL
Verdammt! – Wo IST denn die?

JOACHIM
Kannst Du bitte nich' so n Krach machen? Ich les' hier Zeitung.

SFX DABEI ZEITUNG

MERKEL
Ich such' meine Brille.

JOACHIM
Wo ist die denn?

MERKEL
Wenn ich das wüsste, würde ich sie ja nicht suchen. Aber ohne meine Brille seh' ich ja nix; wie soll ich sie da finden?

JOACHIM
Ein Teufelskreis.

MERKEL
Hilf doch mal n bisschen mit. **+2+**

SFX MERKEL SUCHT WEITER

JOACHIM (Gähnt)
Okay, warm, wärmer, kalt, ganz kalt.

MERKEL
Verdammt Joachim, wir sind hier nicht beim Ostereiersuchen. Wenn Du sie siehst, dann sag mir, wo sie ist.

+1+ JOACHIM
Sicher? Macht aber weniger Spaß so.

MERKEL (Genervt)
Ja! **+1+** **+2+**

JOACHIM
Auf'em Fernseher.

MERKEL
Ach da, Mannmannmann.

SFX GEHT HIN UND SETZT SIE AUF

JOACHIM
Weißt Du, dass Deine Brille echt schlimm aussieht?

MERKEL (Ärgerlich)
Ja.

JOACHIM
Wenn das Volk Dich mit dieser Brille sähe, wär's aber ruckzuck aus mit Deiner Kanzlerschaft.

MERKEL
Weiß ich selber, aber das ist nun mal meine gute alte Plaste-Brille aus der DDR vom VEB-Kombinat Optische Betriebsmittel Friedrich Engels.

Etc.

Wenn der Sketch zu lang geraten ist, kommt der Text zwischen +1+ und +1+ weg. Wenn er immer noch zu lang ist wird sogar alles zwischen +2+ und +2+ entfernt, wobei die Passage dann schon erheblich an Komik verlieren würde. Bei Bedarf kann man natürlich noch mehr solche Sollschnittstellen einbauen. Wichtig ist, dass die Anschlusssätze auch noch im gekürzten Fall passen. Das ist leicht zu machen und erspart Dir im Ernstfall eine Riesenmenge Ärger, denn dass der Sketch zehn Sekunden zu lang ist, stellst Du ja erst fest, wenn er mit Schauspielern und allen Geräuschen fertig produziert ist. Wenn dann die Anschlüsse nicht stimmen, müssen die Schauspieler nochmal ran, was aus Termingründen manchmal nicht möglich ist und überdies Geld kostet. Hast Du von vorne herein auf die Anschlüsse geachtet, kann man einfach schneiden.

Sitcom

Du willst keine Sitcom schreiben? Lies diesen Abschnitt trotzdem, denn sehr vieles darin gilt auch für die Sketche bzw. für alle Comedyformen.

Für die klassische Sitcom gibt es eine Reihe strenger Regeln, die aber eher auf Tradition beruhen, als dass sie zwingend für ihr Funktionieren nötig wären. Zum Beispiel soll jede Folge zwei bis drei Handlungsstränge haben. Einen sogenannten A-Plot, die Haupthandlung der Folge, einen B-Plot, einen wenige wichtigen Nebenstrang, der oft eher bei den Nebendarstellern liegt und eventuell noch einen ganz kleinen C-Plot, der aber mehr ein Running Gag ist.

Ich werde diese Regeln hier größtenteils nicht erwähnen, weil sie zumeist dem Zeitgeist geschuldet sind und es in diesem Buch um das gehen soll, was immer gilt. Es gibt genügend Bücher über das Thema, man sollte sie jedoch mit Zurückhaltung lesen: Vor vielen Jahren erschienen zwei Bücher von Syd Field über das Drehbuchschreiben, die dann geradezu zu einer Art Bibel für Drehbuchautoren wurden. In ihnen wurde die Struktur eines Films so genau dargestellt, als wenn es sich um eine wissenschaftliche Entdeckung handeln würde, z. B, dass nach dreiundzwanzig Minuten Film der erste Plotpoint (ein Moment, wo sich die Richtung der Handlung ändert) zu kommen habe. Hunderte wenn nicht tausende von Filmen wurden im Folgenden quasi mit der Stoppuhr nach exakt diesem Schema gemacht. Insbesondere die meisten Blockbuster. Das Problem ist nur: Man merkt es. Diese nach Schema F gestrickten Filme können einen nicht überraschen. Sie sind grundsolide – aber unoriginell. Als wenn ein Computer sie fabriziert hätte. Variationen des immer wieder selben Films. Als Schulnote würden sie alle eine 3 bekommen. Nicht schlecht, keine besonderen Mängel, aber auch nicht toll, sie begeistern einen nicht. Befriedigend halt. Originelle Filme, wie die von den Coenbrüdern oder von Quentin

Tarantino ignorieren diese „Regeln“ komplett, und der Erfolg gibt ihnen recht.

Hinzukommt, dass sich in den letzten Jahren das Fernsehen stark verändert hat.

Während es früher als eiserne Regel galt, dass jede Folge einer Sitcom (oder auch eines anderen Serienformats) in sich abgeschlossen sein musste und dass es keine dauerhaften Veränderungen geben durfte (am Ende der Folge musste wieder der Normalzustand hergestellt sein, z. B. stellt sich dann heraus, dass die Hauptfigur DOCH nicht im Lotto gewonnen hat) gab es einige Jahre lang Serien wie z. B. Seinfeld, die zwar in sich geschlossene Folgen hatte, aber teilweise zusätzlich eine fortlaufende Handlung über mehrere Folgen verfolgte (George Verlobung mit Susan, die näher rückende Hochzeit und schließlich ihr Tod). Heutzutage gibt es immer mehr grandiose fortlaufende Serien (*Mad Men, Breaking Bad, Better call Saul, Narcos, Curb your Enthusiasm*) und man fragt sich, warum bloß hat man sich jahrzehntelang geradezu sklavisch an das alte Konzept gehalten? Die Antwort ist: Nicht, weil es die beste Lösung war, sondern aus Faulheit und, weil keiner wagte, es in Frage zu stellen. Vielleicht bist Du ja derjenige, der die Sitcom mit einer neuen Idee auf das nächste Level hebt.

(Falls es Dir gelingt und Du damit Multimillionär wirst, vergiss nicht, wem Du das zu verdanken hast!)

Natürlich gibt es Tipps wie „Überraschungen sind komisch“ oder „wenn eine Szene keinen Handlungswechsel des Charakters enthält, ist sie langweilig“, u.v.a., aber das sind alles Kann-Regeln, es geht immer auch ganz anders. Also bevor Du allzu technisch an die Sache rangehst, empfehle ich Dir einfach, solange Sitcoms (die Dir gefallen!) zu gucken. Solange, bis Du ein Gefühl dafür bekommen hast und ihr Mechanismus quasi in Dich eingesickert ist. Das wird Dir weit mehr helfen, denn die Stufe der unbewussten Kompetenz liegt oberhalb der Stufe der bewussten Kompetenz.

Außer viele Sitcoms zu gucken, (bzw. falls Du Romane oder Kurzgeschichten schreiben willst, eben solche zu lesen), solltest Du auch viel schreiben. Das muss man nämlich leider genau so üben, wie man Geige spielen üben muss. Und genau wie ein Violinist nicht erwarten kann, dass bei seinen ersten Versuchen etwas entsteht, mit dem er sich vor ein Publikum wagen kann, solltest Du nicht erwarten, dass Du auf Anhieb gut schreibst. Oder wie der Komiker Will Rogers es formulierte: „Even if you are on the right track, you will get run over if you just sit there.“ Was Du anfangs produzierst, mag Talent verraten, mag auch die eine oder andere schöne Stelle haben, aber gut ist es deswegen noch nicht. Schreib viel, und mit der Zeit wirst du besser werden. Halte nicht alles was du geschrieben hast für heilig, nur weil es schwarz auf weiß dasteht (ich weiß, wenn Du nur einen Rat in diesem Buch ignorieren wirst, dann diesen), rechne lieber mit einer neunzigprozentigen Schrottquote, Du wirst sehen, wie befreiend das ist. Spiel mit Dialogen herum. Wenn Du beispielsweise einen bestimmten Inhalt in einer Szene transportieren willst, schreib fünf völlig verschiedene Versionen dieser Szene. Kann die Szene an einem anderen Ort spielen? Muss die Ehefrau dem Mann wirklich etwas Bestimmtes erzählen, oder erzählt sie es eben gerade nicht, und er muss ihr alles aus der Nase ziehen? Oder der Nachbar kommt hinzu, und erzählt dem Mann, was los ist, während die Frau dies zu verhindern versucht. Oder erfährt der Mann alles aus einem anonymen Brief? Es gibt Millionen von Möglichkeiten, Probiere so viele wie möglich davon aus. So gewinnst Du geistige Beweglichkeit.

Denk Dir einen ganzen Vormittag hundert grobe Plotideen aus (ganz recht: hundert!), die lediglich aus ein bis zwei Sätzen bestehen. Im nächsten Schritt, sortierst Du sie in A-, B- und C-Plots und schmeißt dann die ganz miserablen weg.

Mein alter Kunstlehrer in der Schule pflegte angesichts unserer miserablen Zeichnungen immer gequält auszurufen: „Ihr könnt nicht sehen!“ Recht hatte er.

Bevor man etwas zeichnerisch oder eben auch schriftstellerisch wiedergeben will, sollte man dieses etwas zunächst mal genau erfassen. Genau! Nicht ungefähr. Nicht symbolisch. Ist es richtig, einen Ball rund zu zeichnen? Vielleicht, aber nicht immer, es kommt auf die Perspektive an, vielleicht wirkt er aus einem bestimmten Blickwinkel oval. Guck genau hin, wie es *ist,* und gib nicht wieder, wie Du *glaubst,* dass es sei. Comedy verzeiht nichts Ungenaues. Hör genau zu, wie Leute im Alltag sprechen. Sehr oft, ist das nicht grammatikalisch korrekt, *ohne(!)* jedoch in der Situation falsch zu wirken. So gut wie niemand spricht Schriftsprache. Auch ein Professor kann etwas sagen wie. „Ich glaube das, weil…“ und dann mit einem Hauptsatz fortfahren, obwohl korrekterweise ein Nebensatz folgen müsste.

Verwende, wo es nur geht, Alltagsausdrücke und Umgangssprache. Verwende Wortverkürzungen, wie im wirklichen Leben. Schreibe nicht „Ich habe…“ Wenn Du „ich hab‘…“ meinst. Das gibt der Figur gleich einen anderen Charakter. Ein gutes Beispiel für diese nur scheinbar leicht zu schreibende Alltagssprache ist die Sitcom *Stromberg* oder meine Radiocomedy *Küss mich, Kanzler.*

Du musst die Figuren, die Du beschreibst, lieben. Alle. Auch wenn die üble Sachen tun. Wenn *Du* sie nicht liebst, wird das Publikum es auch nicht tun. Versetze Dich in die Figuren, für die Du schreibst, spiele alle Szene selbst. In verschiedenen Varianten, ruhig auch in solchen, die garantiert nicht genommen werden. Das macht den Kopf frei und man kommt auf die unwahrscheinlichsten Sachen. Warum nicht mal eine Szene als Louis De Funes spielen? Sprich auch alle Dialoge selbst, und zwar laut und nicht am Schreibtisch sitzend, so merkst Du schnell, was gestelzt, nicht natürlich, oder umständlich klingt. Der Dialog darf nicht ausgedacht werden, sondern muss nachgefühlt werden. Für jede Figur einzeln. Einen Satz, den *jeder* sa-

gen könnte, sollte *keiner* sagen. Wenn Du das nicht kannst, werden die Schauspieler auf der ersten Probe unfehlbar sagen, dass man „diese Scheiße so nicht sprechen kann“ und sich den Text möglicherweise selbst mundgerecht machen.
Mach nicht den Fehler von Dan Brown, der in seinen Büchern Szenen beschreibt, wo die Hauptfigur gerade vor Killern durch ein altes Gebäude flüchtet und dann im Vorbeilaufen irgendein Gemälde sieht und nun während der Flucht in längeres Nachsinnen über dieses Werk verfällt. Eigentlich müsste jedem klar sein, dass das absoluter Kokolores ist und dass in so einer Situation kein Mensch so handeln würde, aber Dan Brown unterlässt es leider sehr oft, sich in seine Figuren hineinzuversetzen.

An dieser Stelle möchte ich auf ein Phänomen hinweisen, das relativ unbekannt, aber dennoch von hoher Bedeutung und wenn Du Dir aus diesem Buch nur eine Sache merkst, dann diese: Gute Drehbücher lesen sich schlecht. Klingt komisch, is aber so. Hier folgen zwei Varianten einer Szene. Beide haben den gleichen Inhalt, aber die erste Variante liest sich leicht und man versteht sie sofort, auch wenn man sie nur überfliegt und das obwohl ich zusätzlich auch noch einige der oben aufgeführten Fehler eingebaut habe. Allerdings wird sie gespielt ziemlich schwach wirken, während die zweite Variante in der fertigen Sitcom gut funktionieren wird, aber anstrengender zu lesen ist:

Variante 1:

Mann A:
Das lasse ich mir von Dir nicht bieten. Entweder Du bezahlst, Deine Schulden bei mir, oder ich verklage Dich. Ich habe einen sehr guten Anwalt. Du wirst schon sehen!

Mann B:

Das kannst Du gerne machen. Ich finde das lustig und ich habe keine Angst vor Deinem Anwalt. Mein Anwalt ist besser. Du wirst verlieren.

Variante 2:

Mann A: Das lass ich mir nich‘ bieten.

Mann B: Keine Ahnung, wovon Du redest.

Mann A: Du schuldest mir…

Mann B: Ich schulde Dir gar nix.

Mann A: Du schuldest mir…

Mann B: Nicht das Geringste.

Mann A: Das is ja wohl…

Mann B: Nicht das Allergeringste.

Mann A: Alles klar, ich geh‘ zu meinem Anwalt.

Mann A: Das möchte ich sehen.

Mann A: Und ob ich…

Mann B: Nie im Leben.

Mann A: Ich …

Mann B: Na was?

Mann A: Ich…

Mann B: (Äfft ihn nach) Ich, ich, ich.

Mann A: Ich warne Dich, wenn…

Mann B: Und was, wenn ich auch zum Anwalt gehe?

Mann A: *Was* willst Du?

Mann B: Mein Anwalt steckt Deinen Anwalt locker in die Tasche.

Mann A: Eins sag ich Dir…

Mann B: Mein Anwalt klagt Deinem Anwalt den Arsch weg.

Es ist nicht nur wichtig, das Phänomen der schlecht lesbaren guten Drehbücher zu kennen, es empfiehlt sich auch, möglichst viele Leute darüber aufzuklären.

In vielen Sitcoms sind alle Figuren kleine Oscar Wildes, das heißt sie hauen ein Bonmot nach dem anderen raus, obwohl das eigentlich überhaupt nicht zu ihrem Charakter und ihren geistigen Kapazitäten passt. Dass innerhalb der Sitcom niemand über diese Gags lacht, sondern alle so tun, als sei es ganz normal, so zu reden trägt auch nicht gerade zur Glaubwürdigkeit bei. Denn niemals darf eine Figur wissen, dass sie komisch ist. Die Charaktere bleiben dabei auf der Strecke und das wiederum vermindert die emotionale Bindung der Zuschauer an sie.
In der legendären Sitcom *Männerwirtschaft* (*The Odd Couple*) waren absichtlich gemachte Gags der Figuren daher verboten. Ein Verbot, über das Du auch für Dich nachdenken solltest.
Ein weiteres interessantes Verbot gab es für die Autoren der Sitcom *Seinfeld*. Es lautete: „No hugging, no learning". (Keine Umarmungen, kein Dazulernen) Beides sieht man in Sitcoms wie *Die Bill Cosby Show*, wo, nachdem sich alle während der Folge das Leben gegenseitig schwer gemacht haben, sie sich am Ende versöhnend umarmen und „heute etwas Wichtiges gelernt" haben. Entsetzlich! Sowas gehört in pädagogische Kinderbücher und nicht in die Comedy, denn Harmonie ist das krasse Gegenteil von Komik. Eine komische Figur, die tatsächlich ständig etwas dazulernt, würde dadurch Stück für Stück immer unkomischer. Gerade ihre Unbelehrbarkeit und die Verweigerung jeglicher Selbstreflexion sind ja ihr komisches Kapital.

Die komischen Charaktere sind mindestens die halbe Miete einer Sitcom. Noch vor der eigentlichen Handlung. Du brauchst mindestens eine oder aber auch mehrere. Und jede komische Figur wiederum muss einen oder mehrere schwere Fehler haben. Beispielsweise die Pedanterie und der Ordnungswahn von Felix Unger (*Männerwirtschaft*). Mach diese Schwächen so extrem, wie es gerad noch glaubhaft ist. Setze diese Figur in ein für sie möglichst ungünstiges Umfeld. Dafür gibt es zwei Möglichkeiten: Äußere Umstände oder weitere Charaktere. Eine äußere Möglichkeit wäre, wenn Felix auf einer Müllkippe arbeiten müsste. Tatsächlich hat sich Neil Simon jedoch für die andere Variante entschieden: Die zweite Hauptfigur von *Männerwirtschaft* ist Oscar, der größte Chaot und Schlamper auf Erden. Mit ihm muss sich Felix die Wohnung teilen. Der Penible und der Chaot wohnen zusammen, eine Comedy-Konstellation wie aus dem Lehrbuch. Nicht immer muss es so offensichtlich und aufeinander bezogen sein. Wenn wir zwei Charaktere haben, von denen der eine geizig und der andere ein Idiot ist, kann das auch funktionieren, obwohl das jetzt nicht direkt Gegensätze sind. (Laurel und Hardy spielen sogar beide Idioten) Überhaupt ist es günstig in einer Sitcom eine Person zu haben, die nicht sonderlich intelligent ist, das bietet ein Füllhorn an Möglichkeiten. Aus diesem Grund hat auch fast jede Sitcom so eine Figur (Kramer in *Seinfeld*, „Daphne in *Frasier*, Baldrick in *Blackadder*, Manuel in *Fawlty Towers*, Else in *Ein Herz und eine Seele*, Homer in *Die Simpsons*, Randy in *My Name ist Earl* u.v.a.)

Wir müssen dafür sorgen, dass die Hauptfigur(en) in dem für sie schwierigen – für die Zuschauer lustigen – Umfeld bleiben, statt daraus zu verschwinden, wie es ja eigentlich in ihrem Interesse wäre), oder wie Sitcomautoren es nennen: eine Zwangsgemeinschaft etablieren. Am einfachsten geht das entweder, indem die Hauptfigur einen bestimmten Job hat und die nervigen Kollegen eben täglich weiter ertragen muss oder durch familiäre Bande, z. B. als Ehepaar. Aber auch andere Konstruktionen sind möglich. In *Frasier* wird in der ersten Folge erklärt, dass Frasiers Vater zu alt und gebrechlich ist, um länger allein zu leben und dass er daher bei Frasier einziehen muss. Er ist sogar so krank, dass er eine ständige Physiotherapeutin braucht, die ebenfalls bei Frasier ein Zimmer bekommt. Hier haben die Autoren ein Konstrukt errichtet, das erstmal plausibel aussieht, aber auf Dauer nicht wirklich überzeugt. Frasiers Vater geht zwar am Stock, macht alle paar Folgen alibimäßig ein wenig Physiotherapie, ist ansonsten aber lebenstüchtiger als seine Söhne und kann praktisch alles tun was er will, während die Physiotherapeutin immer mehr zur Köchin und Putzfrau mutiert. Dem Erfolg der Serie hat es nicht geschadet.

Neben ihren Schwächen – man könnte auch sagen „inneren Konflikten" – hat die Figur auch äußere Konflikte. Z. B. Probleme, die ohne eigenes Verschulden von außen an sie herangetragen werden, oder auch eben durch eigenes Verschulden. Auch hat sie Ziele. Das alles sollte in möglichst großem Kontrast stehen zu den Möglichkeiten der Figur, diese Probleme auch zu lösen. Sei grausam und mach dies Deiner Figur so schwer wie möglich; vielleicht gelingt es ihr auch gar nicht, oder falls doch dann auf eine sehr unkonventionelle Weise, die für normale Menschen nicht in Frage käme. Ein gutes Beispiel dafür ist Mr. Bean, der ständig merkwürdige Lösungen für seine Probleme findet, mit denen *er* aber zufrieden ist.
Lass die Sache immer weiter eskalieren. Vielleicht schafft die Figur durch die Lösung eines kleinen Problems ein viel größeres. Beispielsweise indem sie sich mit einer kleinen Notlüge aus der Affäre zieht, diese Notlüge, dann aber immer weitere Kreise zieht, die zu neuen Lügen führen, bis sich die Figur heillos in ein Gespinst von sich teilweise widersprechenden Lügen verfangen hat. Dass wir uns richtig verstehen, es geht nicht darum, dass die komische Figur verrückte Sachen macht, das wirkt schnell ermüdend, weil es sich nicht nachvollziehen lässt, nein, was sie macht sind ganz normale Sachen, aber die auf eine seltsame Art.
Fang hinten an, überlege Dir die schlimmstmögliche, peinlichste, absurdeste Situation, in die Dein Held geraten kann und arbeite Dich von da rückwärts nach vorn, wobei jeder Schritt rückwärts logisch und seriös sein

muss. So erhältst Du eine total glaubwürdige Story, die trotzdem völlig irre ist.

Da ich in diesem Buch immer wieder darauf hinweise, dass Komik Form ist, hier noch ein abschließender Gedanke. Es besteht auch die Möglichkeit, zunächst ein ernstes Script zu schreiben (bzw. ein existierendes ernstes Script zu verwenden) und dies dann so zu verändern, dass es komisch wird. Fast alle Parodien funktionieren auf diese Weise. So zu besichtigen z. B. im ersten Johnny English-Film mit Rowan Atkinson. Wenn man die Komik aus den Szenen streichen würde, wäre es ein ganz seriöser Agentenfilm, der der klassischen Dramaturgie minutiös folgt. Nicht umsonst gehören zum Team der drei Drehbuchautoren auch Neal Purvis und Robert Wade, die die meisten James-Bond-Drehbücher der Brosnan und der Craig-Ära geschrieben haben.

Doch nun Butter bei die Fische. Hier eine Outline bzw. ein Exposé und ein nicht verwendetes Treatment für die Sitcom *Stromberg*, der deutschen Adaption von Ricky Gervais‘ *The Office*.

Stromberg – Die Akten und die Toten
Outline von Stefan Lehnberg

A-Plot

Herr Becker beauftragt Stromberg mit der Aufgabe, die Akten zu erfassen, die zwar aufgehoben werden müssten, aber nicht mehr gebraucht würden. Stromberg ist sauer über diesen „Sesselfurzerjob“ und will ihn wieder loswerden.

Ernie hat ein kleines Kätzchen mitgebracht. Die Frauen des Büros sind völlig verzückt.

In seiner Rage tötet Stromberg versehentlich Ernies Kätzchen und versteckt heimlich die Leiche.

Stromberg lügt Becker vor, er habe gerade erfahren, dass seine Schwester todkrank sei und seine volle Unterstützung brauche. Man müsse mit dem Schlimmsten rechnen. Natürlich würde er seine Arbeit bei der Capitol wie gewohnt professionell erledigen, aber zusätzliche Aufgaben könne er beim besten Willen jetzt nicht übernehmen. Becker hat Verständnis und betraut jemand anderen mit der Aufgabe.

Ernie entdeckt, dass sein Kätzchen weg ist und beginnt es – immer panischer werdend – zu suchen. Schließlich suchen alle mit. Auch Stromberg, der versucht, die anderen von seinem Kätzchenversteck wegzulotsen. Ernie findet zufällig sein totes Kätzchen und ist sterbensunglücklich.

Strombergs Schwester erscheint im Büro um mit ihm zu sprechen. Erika, die inzwischen von Becker von deren angeblichen Krankheit erfahren hat, spricht mitfühlend mit ihr. Sie reden aneinander vorbei. Erika hält Strombergs Schwester für extrem tapfer. Stromberg kommt hinzu. Er will sie schnell in sein Büro bugsieren, aber Erika redet weiter mit ihr und erwähnt auch die „Krankheit“. Strombergs Schwester ist fassungslos. Stromberg versucht sich rauszureden.

Stromberg entlarvt sich versehentlich als der Katzenmörder. Alle sind entsetzt über ihn. Er wird vor ein von Erika geleitetes Betriebsrat-Tribunal zitiert, das ihm eine Rüge erteilt.

B-Plot

Tanja will ein Kind von Ulf. Jetzt sei der perfekte Moment. Sie sei gerade noch jung genug. Ulf traut sich nicht direkt „nein“ zu sagen, nimmt aber eine deutliche Wischiwaschihaltung ein.

Tanja insistiert weiterhin und versucht, mit Ulf ernsthaft über ein Kind zu sprechen. Ulf hat „zu tun“.

Ulf schenkt Tanja ein Kätzchen als Kindersatz. Tanja findet, dass Kätzchen süß, schenkt es aber Ernie.

Stromberg – Die Akten und die Toten
Treatment von Stefan Lehnberg

Dienstbeginn: Die Katze von Ernies Nachbarin hat Junge bekommen. Eines davon hat die Nachbarin gerade Ernie geschenkt. Da er das Kätzchen am ersten Tag nicht gleich allein lassen will, hat er es mitgebracht. Die Frauen des Büros sind völlig verzückt. Ulf versucht eifersüchtig, allen die gute Laune zu vermiesen.

Ulf erklärt den Interviewern, dass ihm dieses ganze „Ach-wie süß-Getue“ auf den Keks gehe.

Ernie will Stromberg das Kätzchen zeigen, aber Der ist nicht in seinem Büro. Erika weiß, dass er auf einer Beerdigung ist.

Stromberg erscheint im schwarzen Anzug aber relativ entspannt. Er scherzt etwas mit Tanja rum. Die zeigt ihm das Kätzchen. Stromberg kann nichts damit anfangen und ist außerdem allergisch, heuchelt aber Gefallen.
Er ermahnt Ernie, dass die Katze nur heute und ausnahmsweise hier sein dürfe.

Stromberg erzählt den Interviewern, dass er gerade von der Beerdigung seines Vaters komme. Es sei so das Beste für seinen Vater gewesen. In einem Altenheim hätte er sich sicher nicht wohlgefühlt. Außerdem wären die Kosten ja auch unbezahlbar gewesen. Er selbst hätte sich – besonders in der langen Krankheitsphase des Vaters – gern mehr, bzw. überhaupt mal, um ihn gekümmert, aber mit seinem Job sei das nun mal nicht vereinbar gewesen. Das sei tragisch, aber für seinen Beruf müsse man eben Opfer bringen. Schließlich trage er auch hier Verantwortung für etliche Mitarbeiter, die von ihm abhängig seien und sich auf ihn verließen. Außerdem wäre Pflege ja mehr was für Frauen. Seine Schwester hätte das ja auch alles prima erledigt. Was hätte er sich da noch einmischen sollen. Viele Köche verdürben den Brei.

Tanja will ein Kind von Ulf. Jetzt sei der perfekte Moment. Sie sei gerade noch jung genug. Ulf und sie hätten beide Arbeit und sie könne dann erstmal in Mutterschaftsurlaub gehen. Ulf traut sich nicht direkt „nein" zu sagen, nimmt aber eine deutliche Wischiwaschihaltung ein.

Tanja erzählt den Interviewern, dass Ulf bestimmt ein toller Vater sei. Im Hintergrund sehen wir Ulf Ernie veralbern.

Herr Becker kommt in Strombergs Büro und beauftragt ihn mit der Aufgabe, die Akten zu erfassen, die zwar aufgehoben werden müssen, aber nicht

mehr gebraucht würden und sie auslagern zu lassen, um so Platz für neue zu schaffen. Stromberg ist sauer über diesen „Sesselfurzerjob“.
Strombergs Schwester ruft an und will mit ihm über die Beerdigungskosten reden, die sie alleine ausgelegt hat. Stromberg kanzelt sie ab, er habe jetzt keine Zeit. Er sei gerade mit einer äußerst wichtigen Aufgabe betraut worden, in absehbarer Zeit ließe sich da zeitlich bei ihm gar nichts machen. Die Schwester bleibt hartnäckig. Stromberg schnauzt sie an.

In seiner Rage tötet Stromberg versehentlich Ernies Kätzchen. Niemand bemerkt es. Stromberg versteckt die Leiche, um, wie er den Interviewern erklärt, Ernie die Trauer zu ersparen. Man habe als Chef ja eine Fürsorgepflicht gegenüber seinen Untergebenen.

Tanja insistiert und will mit Ulf ernsthaft über ein Kind sprechen. Ulf hat „zu tun“.

Stromberg will den Aktenjob wieder loswerden und erzählt Becker, er habe gerade erfahren, dass seine Schwester sehr krank sei und seine volle Unterstützung brauche. Man müsse mit dem Schlimmsten rechnen. Natürlich würde er seine Arbeit bei der Capitol wie gewohnt professionell erledigen, aber zusätzliche Aufgaben könne er jetzt beim besten Willen nicht übernehmen.
Becker hat Verständnis und betraut jemand anderen mit der Aufgabe.

Ernie entdeckt, dass sein Kätzchen weg ist und beginnt es – immer panischer werdend – zu suchen. Schließlich suchen alle mit. Auch Stromberg, der versucht, die anderen von seinem Kätzchenversteck wegzulotsen. Gleichzeitig versucht er Ernie einzureden, dass das doch verdammt viel Arbeit und Verantwortung sei mit so einer Katze. Vielleicht sei Ernie ja

sogar ebenfalls allergisch. Allergische Schocks seien sehr gefährlich und könnten ja sogar zum Tode führen.
Als Tanja seinem Versteck immer näherkommt, erklärt Stromberg die Suche für beendet und scheucht alle wieder an die Arbeit.

Herr Becker erzählt Erika auf dem Flur von Strombergs kranker Schwester.

Ernie findet zufällig sein totes Kätzchen und ist sterbensunglücklich. Stromberg verdrückt sich schnell. Tanja tröstet ihn und nimmt ihn in den Arm. Nach Tanja will ihn auch die weniger attraktive Erika trösten, er will nicht.

Strombergs Schwester erscheint im Büro, um über die Beerdigungskosten zu sprechen. Erika spricht mitfühlend mit ihr. Sie reden aneinander vorbei. Erika hält Strombergs angeblich totkranke Schwester für extrem tapfer. Stromberg kommt hinzu. Er will sie schnell in sein Büro bugsieren, aber Erika redet weiter mit ihr, und erwähnt auch die angebliche Krankheit. Strombergs Schwester ist fassungslos. Stromberg versucht sich rauszureden: Er habe nicht von einer kranken Schwester, sondern von einer Krankenschwester gesprochen. Becker verstünde halt immer alles falsch.

Stromberg entlarvt sich versehentlich als der Katzenmörder. Alle sind entsetzt. Stromberg versucht es kleinzureden.
Außerdem sei Ernie der eigentliche Verantwortliche. Er habe das Kätzchen mitgebracht. Und Arbeitsplätze seien bekanntlich gefährliche Orte, wo täglich tödliche Unfälle passierten und Außenstehende nichts zu suchen hätten.

Stromberg sitzt vor dem von Erika geleiteten Betriebsrat-Tribunal. Ihm wird eine Rüge erteilt, wegen seines Verhaltens mit der Katze. Stromberg erklärt lahm, immerhin habe er ja solidarisch mitgesucht.

Stromberg erklärt den Interviewern, dass Betriebsräte eigentlich eine Erfindung von Stalin seien.

Ulf schenkt Tanja ein Kätzchen als Kindersatz. Tanja findet das Kätzchen süß, ist aber entsetzt über Ulfs Unsensibilität ihr und Ernie gegenüber. Sie schenkt Ernie das Kätzchen.

Stromberg erklärt Becker, dass er nie von einer Krankenschwester gesprochen habe. Erika verstünde halt immer alles falsch.

ENDE

Dying is easy, Comedy is hard.

Schauspieler Edmund Gwenn auf dem Sterbebett

Solocomedy

Das Leben als Comedian war noch nie leicht. Papst Leo X. (1475-1521) beispielsweise ließ seinen Hofnarren jedes Mal auspeitschen, wenn dieser nicht lustig genug war. Solche Maßnahmen sind heute weniger zu befürchten, das heißt aber nicht, dass dieser Beruf einen nicht in sehr unerquickliche Situationen bringen kann – und wird. Wer diesen Beruf ergreift, wird zunächst ein Tal der Tränen durchwandern müssen. Enttäuschung, Zurückweisung und Demütigung sind die Rückseite dieser glänzenden Medaille. Es muss zwar nicht zwangsläufig zu Beginn einer Bühnenkarriere als Solocomedian alles schieflaufen, aber Auftritte vor zwei Zuschauern, vor Betrunkenen oder einem Publikum, das auf Deine Gags reagiert „wie ein geschlossenes Betonwerk“ (Woody Allen) wirst Du nicht selten erleben.

Die gute Nachricht ist: Dieses Scheitern auf der Bühne, auch bekannt als Bombing, ist normal, keinem(!) heute noch so berühmten Comedian blieb das erspart, und je intelligenter, subtiler, avantgardistischer Dein Humor ist, desto länger ist die Durststrecke, bis Du eine nennenswerte Fangemeinde zusammenhast, die Dich versteht. Aber auch, wenn Du es irgendwann geschafft hast, wird es immer wieder Momente und sogar ganze Auftritte geben, die obwohl tausendmal erfolgreich präsentiert, aus unerfindlichen Gründen, auf die Du keinen Einfluss hast, plötzlich nicht ankommen. Dazu bedarf es beispielsweise nur eines einzigen Zuschauers, der in irgendeiner Weise die Stimmung stört, oder eine Bestuhlung, die zu weit weg von der

Bühne ist oder eines von tausend Elementen, auf die Du im Leben nicht kommen würdest.
Ich selbst bin zuvor Theaterschauspieler gewesen und musste erst sehr schmerzlich lernen, dass dieser Beruf zwar in einigen Bereichen eine gute Grundlage darstellt (Sprechtechnik, Bewegen auf der Bühne u.a.m.), aber dass Livecomedy eben KEIN Theater ist. Es gibt keine vierte Wand. Du kannst nicht auf Autopilot schalten und in Ruhe Deine fein ausgetüftelte und zigmal geprobte Nummer durchziehen, ohne dass es zu unerwarteten Reaktionen kommt. Im Gegensatz zum passiven Theaterpublikum, nehmen sich die Zuschauer einer Comedynummer heraus, den Comedian anzusprechen oder dazwischenzurufen. Oft geschieht das gar nicht in destruktiver Absicht, sondern ist Ausdruck der Freude an Deiner Performance. Den Leuten ist nicht bewusst, dass sie eine Nummer mit einem Zwischenruf in einem entscheidenden Moment wie ein Kartenhaus zum Einsturz bringen können. Dann einfach weiterzumachen, wäre ein fataler Fehler. Du musst auf ALLES was unplanmäßig während Deines Auftritts passiert eingehen. Natürlich musst Du nicht alles improvisieren, viele „spontane" Reaktionen, sogenannte Savers (Retter) kannst Du Dir im Voraus überlegen.
Was machst Du beispielsweise, wenn während Deiner Nummer:

Das Licht ausfällt?
Das Mikro ausfällt?
Du Deinen Text vergisst?
Verspätete Zuschauer ihre Plätze einnehmen?
Zuschauer mittendrin raus/zur Toilette gehen?
Von draußen eine Polizeisirene oder ein Hubschrauber zu hören ist?
Jemand aus der Kulisse versehentlich die Bühne betritt?
Deine Hose aufreißt?
Deine Kontaktlinse verrutscht?
Du einen Husten- oder Niesanfall bekommst?

Ein Zuschauer einen Husten- oder Niesanfall bekommt?

Deine Stimme versagt?

Du in Panik gerätst?

Keiner lacht?

Ein Zuschauer nicht mehr aufhören kann zu lachen?

Sich zwei Zuschauer unterhalten?

Eine Tür laut zufällt?

Draußen ein Hund bellt?

Jemand aufdringlich fotografiert?

Ein Betrunkener Zwischenrufe macht?

Politaktivisten die Bühne stürmen?

Jemand raucht?

Dein angeklebter Schnurbart abgeht?

Eine Bierflasche umfällt und ewig lang unter den Stühlen entlang rollt?

Du entdeckst, dass Deine Hose offen ist?

Die Zuschauer entdecken, dass Deine Hose offen ist?

Ein Telefon klingelt?

Jemand unerlaubt Deinen Auftritt aufzeichnet?

Kellner während Deines Auftritts die Zuschauer an Tischen bedienen

Der Conférencier Dich miserabel angesagt hat?

Ein Zuschauer Dir zuvorkommt und laut die Pointe in den Saal brüllt?

Du ein wichtiges Requisit vergessen hast oder es auf der Bühne kaputtgeht?

Wenn Dein Partner seinen Auftritt verpasst oder seinen Text vergisst?

Ein Zuschauer etwas auf die Bühne wirft?

Niemand bereit ist, zu Dir auf die Bühne zu kommen?

Die Zuschauer die vordersten Reihen freilassen, aus Angst auf die Bühne geholt zu werden

Deine Zuschauer fast komplett aus einem Betriebsausflug aus angesäuselten Leuten bestehen, die auf Grund völlig falscher Erwartungen in diesem

Theater sind und nichts mit Deiner Nummer anfangen können, sich aber prächtig über sich selbst amüsieren.

Oder gar wenn:

Ein Zuschauer zusammenbricht?

Das Theater brennt?

Sei auf dies und alles, was Dir sonst noch einfällt vorbereitet. Glaube mir, es wird trotzdem noch Situationen geben, die Dich völlig unvorbereitet treffen. Rechne mit allem, und rechne gleichzeitig mit – gar nichts. Rechne nicht damit, dass die Zuschauer so reagieren, wie Du es geplant hast und dass sie an den richtigen Stellen lachen, bzw., dass sie *überhaupt* lachen. Der legendäre Comedian Andy Kaufman (ich empfehle wärmstens die Verfilmung seines Lebens *Der Mondmann* mit Jim Carrey) sagte einmal über seine Auftritte: „Ich will keinen Lacher, sondern eine Reaktion." Ebenso wie ein Matador ja auch nicht auf einen lieben Stier hofft, hat es keinen Sinn, sich ein Idealpublikum zu erträumen, das all Deine Gags versteht. Es mag zwar irgendwo existieren und eines Tages vielleicht sogar vor Dir sitzen, aber bis dahin musst Du mit den Zuschauern arbeiten, die da sind. *Mit* ihnen, nicht gegen sie. Wenn Du Dir aus diesem Buch nur einen Satz merkst, dann diesen folgenden eines großen Komikers (dessen Name mir leider nicht einfällt), der geradezu eine Offenbarung ist, weil er unendlich viel Druck von Dir nimmt:

„Man muss die Zuschauer lieben. Alle!"

Das ist nicht immer leicht, es gibt wirklich destruktive Menschen, die Deinen Auftritt einfach kaputtmachen wollen. Unvergessen die Zuschauerin in der ersten Reihe (möge sie bis zum jüngsten Tage in der Hölle schmoren!), die mitten in meine Nummer laut rief: „Komm zum Punkt!". Einer der tödlichsten Zwischenrufe, die überhaupt vorstellbar ist, denn genau darum geht es ja in der Komik gerade *nicht*. Es *gibt* keinen Punkt, zu dem man kommen könnte, denn hier gilt „Der Weg ist das Ziel." Irgendwie habe ich die Situation noch halbwegs retten können, aber die minutiös gebaute Nummer war im Eimer.

Leider bestand mein gesamter Auftritt nur aus dieser einen Nummer. Ein Fehler, den man unbedingt vermeiden sollte, solange man noch unbekannt ist und keine Fanbase hat, die einen sowieso anbetet und auch neue Nummern mit viel Vertrauensvorschuss bedenkt. Stattdessen solltest Du jede neue, also unerprobte, Nummer in die kürzest mögliche Form bringen. Im Idealfall auf einen einzigen Satz. Den bringst Du dann, zwischen bereits bewährten Nummern. Wenn dieser Gag, dann keinen Lacher bekommt, steckst Du nicht in einer mehrminütigen Nummer fest, die von vorne bis hinten nicht funktioniert, sondern der kurze Moment „versendet sich" in Deinem erprobten Gesamtauftritt. Wenn der Gag hingegen gut ankommt, kannst Du ihn bei Deinen nächsten Auftritten Stück für Stück immer weiter ausbauen, bis er zu der Nummer geworden ist, die Dir von Anfang an vorschwebte.

Nach diesen Gedanken, die Du Dir im Vorfeld machen solltest, kommen wir nun zum Auftritt selbst. Das erste Problem, dass sich Dir möglicherweise stellt, ist Lampenfieber. Das reicht von einem leichten Prickeln vor dem Auftritt, das in dem Moment, wo Du die Bühne betrittst, von Dir abfällt, bis zu einem Gefühl der unerträglichen Panik vor und während des Auftritts, über Schweißausbrüche, unkontrollierbares Zittern, Übelkeit, dem sicheren „Wissen", sich im nächsten Moment übergeben zu müssen, keine Luft mehr zu kriegen oder in Ohnmacht zu fallen und der plötzlichen „Erkenntnis", für diesen Beruf komplett ungeeignet zu sein.

Soweit so schlecht, aber auch hier gibt es eine gute Nachricht: Das ist normal. Wer vor einem Auftritt überhaupt kein Lampenfieber verspürt, ist möglicherweise ein Superprofi, der seine Nummer schon tausende Mal gebracht hat, oder – und das ist die wahrscheinlichere Variante – ein Anfänger, der noch gar nicht ahnt, was alles schief gehen kann. Die meisten Comedians (und andere Künstler), selbst größte Stars indes haben sehr wohl Lampenfieber. Heinz Erhardt beispielsweise hatte in seiner Brille Fensterglas, damit er das Publikum nur verschwommen wahrnehmen konnte, auf diese Weise war es weniger furchterregend. Es ist auch nicht so, dass es mit fortschreitender Erfahrung zwingend besser wird. Laurence Olivier, als Filmstar, Direktor des National Theatres in London und von vielen Zeitgenossen als bedeutendster Schauspieler der Welt gehandelt, (also wahrlich nicht jemand, von dem man annehmen würde, dass er das Publikum zu fürchten hätte) überkam auf dem Gipfel seines Erfolges von heute auf morgen so schreckliches Lampenfieber, dass er zwei Jahre lang nur unter größten Qualen auftreten konnte.

Was also kannst Du tun, um mit dem Lampenfieber umzugehen? Zunächst könntest Du Dir bewusst machen, dass nur Du selbst es für ein großes und streng zu hütendes Geheimnis hältst, dass Du nicht perfekt bist. Alle anderen Menschen würden nicht für eine Sekunde auf die Idee kommen, Dich für perfekt zu halten. Abgesehen davon, dass es Perfektion nicht gibt, ist sie nicht mal unbedingt erstrebenswert. Grandios unperfekt zu sein, ist viel interessanter. Warum ist die Titanic eine Legende und nicht die tausenden von Schiffen, welche dieselbe Route ohne Zwischenfall zurückgelegt haben? Wenn Perfektion Dein Ziel ist, hättest Du nicht Comedian werden sollen, sondern Buchhalter. Menschen, die perfekt erscheinen, sind selten beliebt. Und als Comedian bist Du geradezu prädestiniert, aus Deinen Mängeln Kapital zu schlagen. Hat sich Woody Allen das Gesicht operieren lassen, um wie Sean Connery auszusehen? Wenn er das getan hätte, würde die Komik seiner Filme nicht mehr funktionieren, die ja zu einem nicht geringen Teil gerade darauf beruht, dass er wie ein Loser aussieht, der keinen Erfolg bei Frauen hat. Ja, er betont diesen Mangel auch noch, indem er sich auch benimmt wie ein Loser. Natürlich muss Deine Nummer nicht auf

Deinen sofort sichtbaren äußerlichen Mängeln beruhen, vielleicht hast Du ein ganz anderes Thema, aber für viele Comedians ist das ein sehr gangbarer Weg mit dem sie Erfolg haben, weil er aus ihrer Schwäche eine Stärke macht.

Vielleicht hilft es Dir auch, Deinen Auftritt in einem anderen Kontext zu sehen: Ist es global und im Angesicht der ganzen Weltgeschichte gesehen nicht völlig bedeutungslos, was Du hier in den nächsten Minuten auf der Bühne machst? Auch wenn es ein totaler Reinfall wird, geht das Leben weiter, die Zuschauer werden es schon morgen vergessen haben. Oder Du sagst Dir, dass jeder Auftritt Teil Deiner Ausbildung ist und dass Scheitern zwingend dazu gehört.

Wenn das nicht hilft, kannst Du versuchen, die Angst und ihre Symptome zu akzeptieren. Sie wird Dich nicht töten, auch wenn es sich im Augenblick vielleicht so anfühlt. Zwinge Dich, ruhig zu atmen, damit greifst Du aktiv in den Teufelskreis von Ursache und Wirkung ein. Wer Angst hat, atmet schneller, was dem Körper wiederum signalisiert, dass etwas nicht in Ordnung ist, was wiederum die Angst verstärkt. Wenn Du ruhig atmest, wirst Du automatisch ruhiger. Auch merkst Du, dass Du der Situation nicht hilflos ausgeliefert bist, sondern aktiv Kontrolle übernehmen kannst, was Dir wiederum mehr Selbstsicherheit verleiht. Ebenfalls könntest Du versuchen, die Symptome, beispielsweise ein Zittern, absichtlich noch zu verstärken, auch das gibt Dir ein Gefühl der Kontrolle.

Du könntest auch die Situation umdrehen und Dir sagen, „nicht ich werde vom Publikum beurteilt“, sondern *ich* beurteile das Publikum, mal sehen, ob diese Idioten meinen genialen Humor überhaupt verstehen.“ Aber auch wenn Du nicht in der Lage bist, Dir das einzureden, solltest Du zumindest für das Publikum so tun, als ob Du so denkst. Wenn Harald Schmidt einen Gag brachte, der völlig Totenstille im Publikum hervorrief, tat er so, als ob er leise in sich hineinlachte, quasi als habe er bereits vorausgesehen, dass dieser grandiose Gag zu intelligent für das Publikum sei, was aber nicht

Schmidts Problem sei, sondern das des Publikums, dem etwas Hervorragendes entgangen war.

Für Steve Martin ist das bei seinen Liveauftritten übrigens die oberste Regel gewesen: Niemals ein Scheitern zugeben! Nicht in den Fehler vieler Comedians verfallen, denen man nach einem missglückten Gag ihre Scham und Unsicherheit ansieht, was wiederum das Publikum verunsichert. Stattdessen immer weitermachen, als sei alles, was Du tust, grandios und von Anfang an exakt so geplant gewesen. Es gibt eine Anekdote über den Dirigenten Herbert von Karajan: Während eines Konzerts lief ausgerechnet bei den allerletzten Takten im Orchester irgendetwas schief und der Schluss klang nicht so, wie er sollte. Karajan rettete die Situation, indem er selbst dem Orchester applaudierte und „Bravo“ rief, als sei diesem etwas außergewöhnlich Kostbares gelungen. Die meisten Zuschauer werden gedacht haben. „Erst dachte ich ja, da hat wer falsch gespielt, aber wenn Karajan das so toll findet, wird er sicher recht haben. Wer bin ich, da zu widersprechen?“

Verfalle auch nicht in die Unsitte vieler junger Comedians, am Anfang des Auftritts zu sagen, dass Du nervös bist. Denn nichts hassen Zuschauer mehr, als einen Künstler mit dem sie Mitleid haben; sie wollen, dass Du Erfolg hast und großartig bist. Verdirb ihnen das nicht.

Außerdem hast Du ja für den allergrößten Notfall noch Deine Savers in der Tasche, um auf Rohrkrepierer reagieren und so aus der Not eine Tugend machen zu können. Du könntest beispielsweise sagen: „Normalerweise wird hier gelacht.“ Oder: „Man spricht viel von der „schweigenden Mehrheit“, aber ich hätte nie gedacht, dass ich sie mal persönlich treffe.“ (Milton Berle). So wird aus dem souveränen Umgang mit einer Schwäche eine Stärke.

Was Du nicht tun solltest, um Dein Lampenfieber zu bekämpfen, ist unter Alkoholeinfluss auftreten, denn leicht verlierst Du dadurch Dein Gefühl für Präzision und Timing, Du wirst langsam im Kopf und möglicherweise bist

Du am Ende der Einzige, der Deine Nummer lustig findet. Auch auf Beruhigungsmittel z. B. Betablocker, wie sie unter live auftretenden Künstlern weit verbreitet sind, solltest Du verzichten. Schließlich sind das schwere Medikamente und die haben immer auch Nebenwirkungen. Allenfalls homoöpathische Mittel wie Gelsemium oder Argentum Nitricum D12 könntest Du in Betracht ziehen.

Letztlich ist aber auch das nur eine Bekämpfung der Symptome und nicht der Ursachen. Wenn im Auto die Tankanzeige aufleuchtet und man, statt zu tanken, das Warnlämpchen ausbaut, leuchtet zwar nichts mehr, aber das eigentliche Problem ist nicht gelöst. Vielleicht will Dir Dein großes Lampenfieber ja sagen, dass Deine Nummer noch nicht so gebaut ist, dass sie Deinen speziellen Bedürfnissen, Fähigkeiten oder psychischen Eigenschaften entspricht. Das Gute ist, im Gegensatz zu, sagen wir, einem Musiker, der sich beim Spielen eines Stückes an die Noten halten muss, und, ob er nun will oder nicht, die Passage mit den irre schnellen Zweiunddreißigstelnoten so spielen muss, wie es nun mal dasteht, kannst Du Dir ja Deine Traumnummer ganz genauso bauen, wie Du es für Dich brauchst. Mach aus Deinen Nöten Tugenden. Steve Martin erzählt in seinem äußerst empfehlenswerten Buch *Born standing up,* dass er zwar nicht tanzen und singen konnte, aber dafür das konnte, was jeder kann: Schlecht tanzen und schlecht singen. Für einen Comedian ist das nicht nur ausreichend, es ist sogar viel besser, weil es lustig ist. Natürlich darf Deine Bühnenfigur als einziger nicht merken, wie schlecht sie performt. Vielleicht bekommst Du dafür sogar mehr Beifall, als Du eigentlich verdienst. Als Sir Laurence Olivier in John Osbornes Theaterstück *The Entertainer* einen drittklassigen Varietékünstler spielte, war man begeistert, wie großartig er dessen mangelnde Qualität bei den Gesangs- und Steppnummern herausgearbeitet hatte. In seiner Biographie *Bekenntnisse eines Schauspielers* jedoch bekannte der Schauspieler, dass ihn dieses Lob nicht sehr erfreute, hatte er doch in Wahrheit so gut gesungen und gesteppt, wie er nur konnte.

Vergiss alle Vorbilder und Vorstellungen, wie eine Comedynummer angeblich auszusehen hat. Nur weil viele es so und so machen und damit Erfolg haben, heißt das noch lange nicht, dass es für Dich auch richtig ist. Lass Dir auch nicht einreden, dass „man" es „so" nicht macht. Das hat man Helge Schneider zu Anfang seiner Karriere sicher auch gesagt. Entscheidend ist, dass Du eine Vision hast. Vergiss Regeln wie beim Stand-Up dürfen keine Geschichten erzählt werden, oder was Du auf der Bühne erzählst, muss etwas mit Dir zu tun haben und ähnliche Weisheiten, die nur auf Traditionen beruhen. Was soll schon passieren, wenn Du sie missachtest? Die Comedypolizei wird Dich nicht verhaften. Es zählen nur Regeln, die wie die Schwerkraft sind, Naturgesetze der Bühne und der Komik, an denen niemand vorbeikommt und um die es in diesem Buch geht.

Viele glauben beispielsweise irrtümlich, sie müssten es so machen, wie sie es im Fernsehen gesehen zu haben, nämlich starmäßig auf die Bühne fegen und gleich mit einem Hammergag loszulegen. Wenn der dann aber nicht funktioniert, war's das eigentlich schon. Wohlgemerkt, ich sage nicht, „lass dies sein", ich sage nur, „das *kann* klappen, muss aber nicht". Wozu gleich mit so hohem Risiko starten? Fang klein an, ganz klein, hol erstmal Luft und nimm Kontakt mit den Zuschauern auf. So wie viele Musikstücke ja auch ganz klein, ja fast tastend anfangen und sich dann Stück für Stück steigern, beginnen viele Comedians – in Amerika noch mehr als bei uns – ihre Nummer mit einem sogenannten Riffing. Dabei spricht man einzelne Zuschauer direkt an und stellt ihnen kleine Fragen und kommentiert deren Antworten wiederum mit möglichst amüsanten Entgegnungen. Das reicht von unlustigem Rumgeschleime („Ist das Ihre Frau?" – "Wie lange sind Sie schon verheiratet?" – „Über 30 Jahre? Bitte Applaus für dieses reizende Paar. Gott segne Sie!") bis zur ausgebauten urkomischen Glanznummer eines *Herrn Holm* (Dirk Bielefeldt), der sich mit den Antworten der Zuschauer meist nicht zufriedengibt, dreist nachfragt und beleidigend wird – wobei aber niemand tatsächlich bloßgestellt wird. Das solltest Du sowieso niemals tun. Es mag das eine oder andere Publikum geben, das es lustig findet, wenn ein Zuschauer gedemütigt wird, aber den meisten wird das ganz und gar nicht gefallen, und sei es nur aus der Angst heraus, selbst das nächste Opfer zu werden. Eine gelöste Atmosphäre, die fürs Lachen unbedingt notwendig ist, kann so nicht aufkommen und vielen Zuschauern wird es auch schlicht zu gefährlich sein, noch ein zweites Mal in Deine Show zu gehen.

Natürlich solltest Du auch das Riffing gut vorbereiten. Habe für jede mögliche Antwort eine gute Gegenantwort parat. Das ist nicht besonders schwierig zu bewerkstelligen, solange Du nicht den großen Fehler begehst, offene Fragen zu stellen. Wenn Du Dir aus diesem Buch nur eine Sache merkst dann diese:

Stelle niemals offene Fragen an das Publikum!

Denn Du hast keine Kontrolle darüber, was dann kommt und es könnte sich herausstellen, dass die Person, die auf Deine offene Frage antwortet, witziger ist als Du. Ich selbst habe es erlebt, wie ein Comedian es offenbar für lustig hielt, seine Zuschauer etwas aggressiv mit den Worten „Was wollt Ihr hier?!“ zu begrüßen und nach der Antwort aus dem Publikum „Das fragen wir uns jetzt auch“, die einen Riesenlacher erntete, mit seiner Nummer danach nicht mehr auf die Beine kam.

Natürlich muss es kein Riffing sein, mit dem man klein anfängt. Es gibt tausend andere Möglichkeiten. Wichtig ist nur, dass Du nicht gleich riesige Erwartungen bei den Zuschauern weckst. Wenn Du langsam und leise anfängst, kannst Du Dich steigern, was kaum möglich ist, wenn Du schon mit einem Knalleffekt beginnst. Außerdem wird dieser, wenn er dann schließlich kommt, viel unerwarteter sein und dadurch von den Zuschauern auch stärker empfunden werden. Nochmal komme ich auf Andy Kaufmann zurück: Er begann eine Nummer, indem er mit einer Sprechweise, die fast schon geistig behindert wirkte, nach ein paar einleitenden Worten sagte: „Und nun imitiere ich Jimmy Cartaaa, den Präsidenteeen, der Vereinigten Statteeeeen." Nach einer ganz kurzen Pause fuhr er im selben Tonfall und ohne etwas an Stimme und Mimik zu ändern fort: „Hallo, ich bin Jimmy Cartaaa, der Präsident der Vereinigten Statteeeeen." (Übrigens wie fast alle Komik von Andy Kaufmann ein Gag auf der Meta-Ebene. Die Komik beruht nicht auf der Herausstellung negativer Eigenheiten des Parodierten, sondern darauf, dass „man" so nicht parodiert.) Nach diesem Gag, der zwar einen Lacher bekam, aber der nicht erwarten ließ, dass Kaufman ein guter Parodist sei, kündigte er in derselben unbeholfenen Art an, nun Elvis Presley imitieren zu wollen, was auch wiederum einen kleinen Lacher erntete, da man eine weitere ungekonnte Antiparodie erwartete.

Dann jedoch drehte Kaufman dem Publikum den Rücken zu, und zog zu den Klängen von *Also sprach Zarathustra* in aller Ruhe ein perfektes Elvis-Kostüm an, drehte sich wieder nach vorn und legte ein grandiose Elvisimitation hin, die zweifellos auch ohne diese lange Einleitung ganz gut angekommen wäre, aber auf diese Weise, durch das totale Absenken der Erwartungshaltung an Kaufmans Imitationsfähigkeiten im Publikum, war sie eine Sensation. (Die Elvisnummer von Andy Kaufman gibt es auf Youtube, aber leider oft ohne den Jimmy-Carter-Teil. Allerdings spielt sie Jim Carrey eins zu eins in *Der Mondmann* nach, so dass man sie auch dort sehen kann.)

Nachdem Du „klein" angefangen hast, empfiehlt es sich, die Nummer kontinuierlich zu steigern, wobei sich dieses Steigern auf die Gewagtheit Deiner Gags, die Intimität mit dem Publikum oder auch auf das Tempo oder einfach Deine Energie beziehen kann. Manche Comedians empfehlen, die Zuschauer nach einem Gag erstmal fertiglachen zu lassen, eventuell sogar die Hand mit dem Mikro zu senken, um zu signalisieren „Ihr habt Zeit zum Lachen, ich warte solange mit meinem nächsten Gag." Dazu konträr vertreten viele Comedians allerdings die Ansicht, dass man den Zuschauern genau diese Pause gerade nicht gewähren sollte. Ich neige stark zu dieser zweiten Ansicht, denn nach jeder Pause muss man praktisch wieder bei null anfangen, und erneut Stimmung und Spannung aufbauen, statt einfach weiter auf der Welle des Lachens zu reiten. Wenn Du die Zuschauer erstmal gepackt hast, darfst Du sie nicht mehr loslassen, ihnen keinen Raum für private Gedanken oder emotionalen Abstand lassen, indem Du die Spannung nie brichst. Je mehr sie Dir hinterherhetzen müssen, desto besser wirst Du ankommen.

Ganz besonders lieben Zuschauer sich steigernde Energieausbrüche (die man am günstigsten am Schluss einer Nummer platzieren sollte). Ein ellenlanger Monolog, z. B. irgendeine komplizierte Aufzählung, die (scheinbar) auf einem einzigen Atmer vorgetragen wird und dabei auch im Tempo immer mehr anzieht, provoziert fast immer Begeisterungsstürme beim Publikum und ist dabei leicht herzustellen. Sieh Dir mal auf Youtube eine Reihe Amerikanischer Filmtrailer an. Sie sind fast durch die Bank so geschnitten, wie eine Comedynummer gebaut sein sollte: Zunächst das Aufblitzen winzig kurzer Filmmomente, bei denen man zunächst nicht weiß, um wen oder was es geht, die aber Spannung erzeugen, im Mittelteil des Trailers wird nun ein wenig ausführlicher erklärt, worum es in dem Film eigentlich geht und am Schluss steigern sich rasend schnelle Schnitte zu einem Furioso, das mit einer im übertragenen Sinne – Explosion endet, nach der der Zuschauer geistig atemlos zurückbleibt. An was erinnert uns so ein Rhythmus? – Richtig: an Sex. Darum kommt es so gut an.

Nach diesen mehr abstrakten Überlegungen, nun Konkreteres:

Zunächst stellt sich die Frage, ob Du mit oder ohne Musik auftrittst. Der Vorteil von Musik ist, dass sie oft schon die halbe Miete darstellt. Eine mittelmäßige stumme Slapsticknummer zu einer mitreißenden Musik kann der Superknüller sein, während eine geniale Glanznummer ohne Musik vielleicht nur lauwarm aufgenommen wird. Der Nachteil ist, irgendjemand an-

ders, den Du kaum oder gar nicht kennst, muss Deine Musik(en) verlässlich in der richtigen Sekunde starten und beenden. Die Tonanlage darf nicht defekt und muss kompatibel zu Deinem Datenträger sein. Alles Dinge, auf die Du nur sehr begrenzt Einfluss hast. („Was schief gehen kann, geht auch schief.“) Du befindest Dich in Abhängigkeit von anderen und gibst ihnen die Macht, Deine Nummer komplett zu ruinieren. Dies gilt auch für Toneinspieler ohne Musik und Lichtwechsel oder andere Bühneneffekte, die oft ohnehin nur von der mangelnden Substanz des Künstlers ablenken sollen. („Wer nichts weiß, nimmt Trockeneis.“). Überleg Dir gut, ob Du das wirklich brauchst und ob Du Lust hast, das vor jedem Deiner Aufritte mit dem Techniker zu besprechen oder gar zu proben.
Im schlimmsten Fall kann die – für sich genommen vielleicht tolle – Musik sogar Deine Nummer zerstören, weil sie gegenläufig zu Deinem Timing ist oder eine andere Stimmung transportiert oder schlicht ablenkt. So geschehen beispielsweise in Monty Pythons Sketch *Die verschmutze Gabel*, der so lange nicht funktionierte, bis man die Restaurantmusik, die dezent im Hintergrund lief, entfernte.

Im Wesentlichen kann man zwei Arten von Comedysolisten unterscheiden. Diejenigen, die Stand-Up machen, und die, die eine Comedyfigur darstellen, wobei es natürlich auch eine Mischform gibt.
Zum Thema Stand-Up ist weiter oben unter dem Begriff „Oneliner“ schon das meiste gesagt worden. Als Stand-Up- Comedian bist Du sehr frei, alle mögliche Themen, die nicht das geringste miteinander zu tun haben, in Deiner Nummer zusammenzuschmeißen. Mit einem Satz wie „Wir leben in einer verrückten Welt“ kriegst Du das alles unter einen Hut, und die Zuschauer werden den Eindruck haben, dass die ganze Nummer aus einen Guss ist. Wenn Du es noch weiter verfeinern willst, kannst Du praktisch jeden Gag mit einem der vier folgenden Intros einleiten:
Es ist hart, dass...

Es ist blöd, dass,

Es ist beängstigend, dass…

Es ist merkwürdig, dass…

Auch, wenn Du als Du selbst auftrittst, solltest Du in Momenten, in denen Du erzählst, dass jemand anderes etwas gesagt hat, dies nicht in der indirekten Rede tun, sondern als Actout. Also in Stimme, Mimik und Haltung dieser Person. Dadurch wird die Nummer sehr viel lustiger und kraftvoller.

Womit wir bei der Comedy wären, die auf einer Figur beruht. Vieles spricht dafür, sich für diese Variante zu unterscheiden. Zwar sind es zumindest im Fernsehen eher Stand-Up- Comedians wie Jay Leno, David Letterman, Jon Stewart, Jimmy Fallon, die das ganz große Geld verdienen, was aber nur an der Häufigkeit ihrer Auftritte liegt, die auch nur deshalb möglich ist, da ein Heer von Autoren ihnen tagesaktuelle Gags zum Zeitgeschehen für ihre tägliche TV-Show schreibt, während etwas Vergleichbares für einen Comedian mit einer Figur ja gar nicht möglich wäre.

Künstlerisch hingegen sind komische Figuren sehr viel interessanter. Das sind die Persönlichkeiten, die man liebt und die noch nach Jahrzehnten in Erinnerung bleiben. Die Liste ist endlos: Charlie Chaplin, W. C. Fields, Groucho Marx, Laurel und Hardy, Jerry Lewis, Lucille Ball, Woody Allen, Louis De Funes, Steve Martin etc., etc.

Ein Comedian mit einer Figur hat auch wesentlich bessere Aussichten auf Filmrollen als ein Stand-Up-Comedian. Praktisch ist jeder Auftritt mit einer Figur eine Bewerbung dafür. Die Produzenten und Regisseure gehen dort kein Risiko ein, denn sie wissen von vorne herein, was sie bekommen. Ob der Stand-Up-Comedian auch Schauspielen kann, muss sich erst herausstellen und selbst, wenn er es kann, was soll er spielen? Jemand muss es sich erstmal mühsam ausdenken. Beim Figurenkomiker sehen die Produzenten die Nummer und rufen „Diesen verrückten Typ will ich in meinem Film haben und da soll er genau sowas machen, wie auf der Bühne.

Der Hauptvorteil einer Comedyfigur ist jedoch, sie braucht nicht ständig Lacher. Ein Stand-Up-Comedian muss einen Gag nach dem anderen bringen, sonst hat (und ist) er gar nichts. Die Comedyfigur funktioniert aus sich selbst heraus, es ist grundsätzlich ein Genuss ihr zuzusehen. Wenn Laurel und Hardy nur eine Straße entlang gehen ist das noch kein wirklicher Gag, aber man amüsiert sich bereits über ihre Art und Weise, und selbst Momente, an denen nun wirklich gar nichts komisch ist, stören da nicht, da sie von der Persönlichkeit der beiden getragen werden.

Am Rande sei erwähnt, dass die Macher einiger Louis de Funes-Filme die Dreharbeiten begannen, obwohl kaum mehr als ein vager Drehbuchentwurf vorlag. Sie waren sicher: „Louis macht das schon." Und hat er ja dann auch.

Ein weiterer Vorteil ist, dass Du als diese Figur auch schlechte und geschmacklose Gags bringen kannst. Die Komik besteht dann auf der Metaebene darin, dass die Figur diesen Gag überhaupt macht, ohne zu merken wie schlecht oder geschmacklos er ist. Während der Stand-Up-Komiker mit diesem Gag möglicherweise schweren Ärger bekommen würde, kommst Du in Deiner Figur damit ohne weiteres durch.

Wie findet man nun so eine Comedyfigur? Hier gibt es zahllose Ansatzmöglichkeiten, Du kannst einfach damit herumspielen, bis Du das Passende gefunden hast. Zunächst einmal beruht jede komische Figur auf negativen Eigenschaften, die sowohl, charakterlich, geistig, körperlich (oder anders äußerlich) sein können. Louis de Funes ist cholerisch, geizig, hinterhältig und egoistisch. Woody Allen ist neurotisch und ungeschickt, Steve Martins Bühnenfigur ist dumm und wahnsinnig, die Mitarbeiter von Monty Pythons Ministerium für alberne Gangarten haben alberne Gangarten, Stan Laurel ist dumm und naiv… Probiere rum, womit Du Dich wohl fühlst, leb Deine kindliche Seite aus, die Du normalerweise in der Öffentlichkeit versteckst – Kunst kommt aus dem Unterbewussten – und dann treib das ganze ins Extrem.

Und dann noch etwas weiter.

Ein bisschen egoistisch ist jeder, aber wie wäre es, wenn Du der größte Egoist der Welt bist? Und zusätzlich sehr schnell beleidigt. Und extrem kurzsichtig. Allein schon auf dieser Basis könnte man mindestens fünf Filme drehen. Kennst Du noch diese Kinderbücher mit Bildern, die in Oben, Mitte und Unten unterteilt sind, wobei man die einzelnen Elemente getrennt umblättern kann? Da hat man dann beispielsweise oben den Kopf von einem Polizisten, in der Mitte den Körper einer Balletttänzerin und unten die Beine einer Ente. So kannst Du auch vorgehen, kombiniere Alles mit Allem und guck, was passiert.

Manchmal muss nur ein Element geändert werden und aus „ganz nett" wird „genial". Michael Richards, der in der Sitcom *Seinfeld* den Kramer spielt, hatte eine ganz ähnliche vermackt-dumme Figur schon früher entwickelt, aber grandios wurde sie erst in dem Moment, als er sich entschied, dass die Figur zwar weiterhin dumm war, sich aber nun auch noch gleichzeitig für schlauer hielt als alle anderen. Er änderte also den Tiefstatus seiner Figur (Unterlegenheit zu seiner Umwelt) zu Hochstatus (Überlegenheit gegenüber seiner Umwelt). Die Statusfrage solltest Du Dir in Bezug auf Deine Figur unbedingt auch stellen. Beides funktioniert:

Comedians bzw. Schauspieler mit Hochstatus sind beispielsweise: Steve Martin, Jack Benny, Robert Morley, Oliver Hardy, Louis De Funes, Gene Wilder, teilweise Charlie Chaplin.

Einen Tiefstatus haben Figuren wie Woody Allen, Jerry Lewis,

Wohlgemerkt, es ist vom äußeren Status die Rede. Es gibt auch einen inneren Status und der hat nicht unbedingt etwas mit der gesellschaftlichen Stellung der Figur zu tun. Es ist eine innere Einstellung, die unabhängig von den äußeren Umständen ist, und die demjenigen vielleicht nicht mal bewusst ist. Seine Selbsteinschätzung tief im Inneren. Oliver Hardy ist ein ziemlicher Loser, trotzdem behauptet er stets seine Würde und sieht sich als Chef seines Freundes Stan Laurel.

Bernd Stromberg wiederum ist zwar der Chef einer Versicherungsabteilung, hat aber trotzdem innerlich einen Tiefstatus. Dasselbe (außen hoch, innen tief) trifft auch auf viele Figuren von Heinz Rühmann zu.
Bei anderen Figuren ist es auch wechselnd bzw. grundsätzlich schwer auszumachen. Welchen Status haben Stan Laurel oder Mr. Bean?
Viele Darsteller und Comedians finden Ihren Status intuitiv, aber es ist lohnend, sich darüber Gedanken zu machen. Spiel mit den verschiedenen Varianten herum und sieh, was es mit Deiner Figur macht. Folgende Varianten stehen Dir zur Verfügung:

Innen hoch und außen hoch
(Robert Morley, Violet Crawley (Maggie Smith) in *Downton Abbey*, James Bond) Diese Figuren haben die Welt souverän im Griff. Zumindest emotional, sie können allerdings trotzdem Idioten sein, wie z. B. Austin Powers oder aus anderen Gründen Probleme haben.

Innen hoch und außen tief (Chico Marx) Der Status der Heuchler, Schleimer und Manipulatoren.

Innen tief und außen hoch (Louis De Funes, Basil Fawlty, Klaus Kinski) Die Figuren treten autoritär oder arrogant auf, erreichen damit aber nicht ihre Ziele. Es ist der Status, der die komische Fallhöhe bereits serienmäßig eingebaut hat.

Innen tief und außen tief (George Costanza (*Seinfeld*), Woody Allen, Jerry Lewis)

Natürlich sind das nur Richtwerte, die wenigsten Figuren behaupten durchgehend denselben Status. Inspector Clouseau hat zwar immer einen inneren Tiefstatus wechselt aber situationsbedingt äußerlich zwischen hoch und tief. Der typische Nerd hat einen Hochstatus, wenn er über sein Fachgebiet spricht, aber einen Tiefstatus, wenn es um soziale Kontakte geht. Gerade dieser Wechsel kann sehr komisch sein.

Übung: Sieh Dir auf Youtube Comedians an und finde heraus, welchen inneren und äußeren Status sie haben.

Ein weiterer Weg, eine Figur zu finden, ist rein körperlich. Auch wenn das dem heiligen Dogma Konstantin Stanislawskis widerspricht, der davon ausging, dass eine Rolle immer von innen nach außen erarbeitet werden muss und dass der Schauspieler zunächst die komplette Biographie seiner Figur kennen muss, bis hin zu Details, dass er mit seinen Eltern im Alter von drei Jahren von Dinkelsbühl nach Paderborn umgezogen ist und was das psychisch mit ihm gemacht hat. (Ich übertreibe; aber nur leicht.). Das kann man zwar machen, aber es nützt nicht wirklich etwas, weil es nicht darstellbar ist. Ein Musiker muss ja beim Spielen einer Beethovensinfonie auch nicht wissen, ob Beethoven beim Schreiben dieser Sinfonie Zahnschmerzen hatte. Was er wissen muss, steht in den Noten und beim Schauspieler steht es im Text. Umfangreiches theoretisches Wissen über seine Figur im Kopf zu haben ist in etwa so, wie einen Glücksbringer bei sich zu tragen: kann man machen, schadet nichts und wenn man sich damit wohler fühlt, warum nicht? Aber einen echten Nutzen hat er nicht. Jedem, der sich mit dem Thema Rollenfindung befassen will, empfehle ich David Mamets dünnes aber dennoch inhaltlich profundes Büchlein *Richtig und falsch*, das die gesamte gängige Schauspieltheorie vom Kopf auf die Füße stellt.
Von Laurence Olivier ist bekannt, dass er bei seiner Rollenfindung von außen nach innen vorging. Er experimentierte lange mit der Maske der jeweiligen Rolle herum, auch mit Perücken und falschen Nasen und Kinnen, um dann nach einem Blick in den Spiegel die Rolle intuitiv zu erfassen. Für seine Darstellung von Shakespeares Richard III. hatte er die Idee, dass die-

ser aussieht wir Disneys großer böser Wolf. (Klingt unglaubwürdig, ist aber wahr.) Wenn man das weiß und sich den Film ansieht, ist das durchaus zu erkennen, weiß man es jedoch nicht, bewundert man Oliviers Darstellungskunst.

Du kannst auch mit anderen Körperlichkeiten herumexperimentieren. Wie geht die Figur? Wie ist ihre Haltung. Wo hat sie ihr Körperzentrum? In der Nase, im Bauch, in den Knien?

Du wirst sehen, wie viel sich durch solche Details ändern kann.

Für beide Formen (Stand-Up/Comedyfigur) gilt grundsätzlich: Sei nicht allgemein, sondern spezifisch. Sag nicht, „Ich war im Urlaub“, sondern „Ich war in Portugal“, sag nicht „ein Freund von mir“, sondern „mein Freund Tom“. Aus irgendeinem Grunde ist es lustiger so. Und was Du erzählst, sollte so dicht an Dir dran sein, wie möglich. Dein Vater ist lustiger als dein Onkel und der wiederum lustiger als ein Bekannter. Im Idealfall handelt alles, wovon Du sprichst, von Dir selbst. (Natürlich muss kein Wort davon wahr sein.)

Sprich das aus, was alle insgeheim denken, aber sich nicht zu sagen trauen. „Comedy starts, where people get nervous.“

Nachdem in diesem Kapitel ausführlich die Probleme und Schattenseiten dieses Berufes abgehandelt wurden, soll aber auch das Folgende nicht verschwiegen werden:

Wenn es erstmal läuft, kann es einer der großartigsten Berufe der Welt sein. Im Gegensatz zu vielen anderen künstlerischen Berufen, bist Du sehr viel freier. Statt wie ein Schauspieler dem Text eines fremden Autors und dem Regisseur, statt wie ein Musiker den Noten eines Komponisten und vielleicht einem Dirigenten, statt wie ein Autor, einem Lektor, Redakteur oder Regisseur folgen zu müssen, kann Dir keiner reinreden. Falls Du es ins Fernsehen schaffst, wird Dein Auftritt so gesendet, wie Du ihn erschaffen hast. Welchem Künstler sonst ist das vergönnt, wo doch in jeder anderen Sendung hunderte von Leuten mitzureden haben und gerade die Autoren, die eigentlich die Sache selbst erschaffen haben, das kleinste und verachtetste Rädchen im Getriebe sind?

Aber das ist längst nicht alles: Statt Dich der Mehrheit anzupassen, erschaffst Du Parallelwelten nach Deinen Vorstellungen, Du bringst die anderen dazu, Dir in diese Welten zu folgen und Deine Sichtweise auf diese Welt zu übernehmen. Du bist wie ein Zauberkünstler, der ohne Tricks arbeitet. Alles liegt offen zu Tage und doch erschaffst Du eine alternative Wirklichkeit, die im wirklichen Leben unsichtbar ist und für die Zuschauer erst durch den Comedian sichtbar gemacht wird, wobei sie die blitzartige Erkenntnis trifft, dass diese Welt immer schon da war und man sie nur nicht gesehen hat.

Viele Comedians sind Kontrollfreaks; sie müssen es auch sein, denn die Erschaffung von Komik erfordert höchste Genauigkeit. Oft hört man von Komikern den Satz – und meistens glauben sie ihn wohl auch selbst – dass sie die Menschen gern zum Lachen bringen. Vordergründig ist es auch so, aber ganz so selbstlos, sind sie dann doch nicht, denn wenn wir etwas genauer hinsehen, erkennen wir, dass der Comedian ein Publikum, das vor Lachen gar nicht mehr hinterherkommt, total unter Kontrolle hat. Es ist praktisch wehr- und willenlos und hat freiwillig vor dem Comedian kapituliert und sich unterworfen. Im Gegensatz zur Rezeption anderer Künste, beispielsweise Musik, Ballett, Literatur, ist der Zuschauer im Moment des Lachens nicht mehr in der Lage, sich abzugrenzen und einen eigenen Gedanken zu fassen, er befindet sich im Zustand der totalen Hingabe. (Nicht umsonst ist es ein uraltes, geradezu archaisches Balzritual, dass Männer versuchen, Frauen zum Lachen zu bringen und Frauen dann oft auch über Gags lachen, die eigentlich gar nicht besonders komisch sind. Der Mann stellt damit seine Fähigkeit, etwas zu erschaffen, unter Beweis und die Frau zeigt ihm, dass sie bereit ist, sich darauf einzulassen.

Umgekehrt findet dies praktisch nie statt.) Häufig sagt ein Comedian nach einem solchen Auftritt gar: „Heute hab‘ ich sie (die Zuschauer) gekillt. Dies ist die Welt, die er auf Grund seiner charakterlichen Disposition braucht, in ihr fühlt er sich sicher und anerkannt, denn er ist Herr der Situation und das ist auch der Grund, warum erfolgreiche Comedians, die uns mit ihrer Kunst zum Lachen bringen – ganz im Gegensatz zu Menschen, die uns unfreiwillig zum Lachen bringen – hochgeachtet, bewundert und geliebt werden. Es herrscht eine strenge Hierarchie: Ganz unten steht der Gegenstand, über den das Publikum lacht. Darüber steht das Publikum, dass sich durch sein Lachen über diesen Gegenstand erhebt und ganz oben der Comedian, der durch seine Worte oder sein Handeln, diese Situation, in der das Publikum sich über den belachten Gegenstand erhebt, quasi gottgleich erschafft. Dies gilt selbst dann, wenn der Comedian sich einen niedrigen Status zulegt, wie z. B. Jerry Lewis, und er so selbst der Gegenstand ist, den man auslacht, denn das Publikum weiß sehr wohl, dass dies nicht sein echter Status ist.

Also totale Kontrolle und dafür noch bezahlt und geliebt werden. Was könnte man mehr verlangen?

Die Kehrseite der Medaille ist allerdings, dass der Comedian auch das größte Risiko des Scheiterns hat. Von einer Sinfonie oder einem Theaterstück erwartet man nicht, dass es einen in jeder Sekunde begeistert, zumal auch nicht jeder das Fachwissen hat, zu beurteilen, ob das nun gut oder schlecht war. Beim Comedian hingegen ist es ganz einfach: „Wenn er mich nicht zum Lachen bringt, ist er schlecht.“ Es gibt keine Grauzone, in der er Erfolg haben kann. Als Comedian arbeiten, bedeutet: Alles oder nichts.

Jeder mag den Witzbold, aber niemand würde ihm Geld leihen.

Arthur Miller

Vom Comedy schreiben leben

Kann man von Comedy leben? Durchaus. Der reichste Schauspieler der Welt ist der Komiker Jerry Seinfeld, der ein Vermögen von 820 Millionen Dollar besitzt. Fast soviel wie Tom Cruise und Johnny Depp zusammen. Auch Ricky Gervais besitzt zig Millionen, und zwar, weil sein Konzept von *The Office* inzwischen in Amerika. Frankreich, Deutschland, Indien und anderen Ländern als Vorlage für ähnliche TV-Serien dient. Da fließen die Tantiemen, ohne dass er dafür noch einen Finger rühren muss.

Aber bis man so erfolgreich wird – falls überhaupt – ist es ein langer Weg. Talent allein nützt nur bedingt etwas, im Gegenteil, es kann sogar von Nachteil sein. Wie sagte schon John Cleese: „Man muss Talent haben, um Talent zu erkennen."

Die Behauptung, dass Scripte *zu gut* sein können, um zum Beispiel von einem TV-Sender angenommen zu werden, ist keineswegs abwegig. *Fawlty Towers* von (schon wieder:) John Cleese gilt heute vielen als einer der besten, wenn nicht als *die* beste TV-Comedy aller Zeiten. Damals allerdings wurde Cleeses Drehbücher von etlichen britischen Sendern abgelehnt – wohlgemerkt: *nachdem* er schon durch Monty Python weltberühmt geworden war. Nun magst Du Dich gemeinsam mit mir fragen, wenn schon so ein Weltstar abgelehnt wird, welche Chance haben dann zwei unbekannte Heiopeis, wie wir beide? Eine berechtigte Frage, doch lies erstmal weiter.

Ein Muster zeigt sich immer wieder. Die besten Comedys entstanden immer dann, wenn man die Künstler einfach hat machen lassen. Monty Python ist dafür das beste Beispiel. Die BBC hat den Pythons – abgesehen von wenigen Eingriffen von Zensur – nicht reingeredet. Leider nicht aus Hochachtung vor diesen innovativen Künstlern, sondern weil den Verantwortlichen diese kleine billige Show auf einem miserablen nächtlichen Sendeplatz einfach nicht wichtig genug war, um sich einzumischen.
Auch Loriots legendäre sechs Sendungen entstanden praktisch ohne Einmischung des Senders Radio Bremen, darum gehören sie auch heute noch zum Besten, was je im Deutschen TV gezeigt wurde.
Erfreulicherweise haben Sender wie HBO und Netflix das erkannt. Hier geht man anders vor als bei Sendern alten Stils. Man stellt den Künstlern, denen man vertraut, das nötige Geld für die Produktion zur Verfügung und hält sich ansonsten komplett raus. Die hochqualitativen Ergebnisse – nicht nur im Comedybereich – wie *Curb your Enthusiasm, Sopranos, Narcos* geben diesem Prinzip recht.

Wenn Du das Glück hast, für einen solchen Auftraggeber zu arbeiten, kannst Du Dir dieses Kapitel größtenteils ersparen, aber solange dies nicht der Fall ist, stehen Dir zwei gänzlich unterschiedliche Wege offen – und etliche Abstufungen zwischen diesen beiden Extremen

Möglichkeit A

Vielleicht sagst Du Dir, Hauptsache, ich bin erstmal im Geschäft. Wenn nötig, mache ich künstlerische Kompromisse. Nach und nach arbeite ich mich mit soliden Leistungen nach oben, bis man mein Genie erkennt, und dann werde ich künstlerisch die Sachen machen, die ich schon immer machen wollte.

Wenn Du für's Fernsehen arbeiten willst, gibt es (außer der Arbeit als Gagautor) im Wesentlichen zwei Bereiche, in denen Du tätig werden kannst: Sketche und Sitcoms.

Je länger und teurer das Format ist, desto schwieriger ist es, dort mitarbeiten zu dürfen, weil das Risiko, das man mit einem neuen, noch unbekannten Autor eingeht, umso größer ist. Ein Oneliner oder ein Sketch ist schnell vom zuständigen Redakteur gelesen und als tauglich oder untauglich beurteilt, bei einem Sitcomscript ist das schon eine ganz andere Sache.

In den Autorenpool einer Sketchsendung aufgenommen zu werden ist nicht allzu schwierig. (An dieser Stelle möchte ich anmerken, dass ich davon ausgehe, dass Deine Texte super sind.) Die Sendung, für die Du schreiben willst, kennst Du natürlich aus dem Effeff. Du kennst die Figuren, ihre Charaktere und ihre Art zu sprechen. Dir ist bekannt, dass man im Script die Figuren mit ihren Rollennamen benennt und nicht mit den Namen der Schauspieler, die sie darstellen. Du weißt, an welchen Sets (Drehorten) sie spielt und an welchen nicht, Du weißt, was die Figuren niemals tun würden, Du hast eine ungefähre Vorstellung davon, was das Budget dieser Sendung verkraftet und was nicht. Wenn sie normalerweise in einer Autowerkstatt spielt, die im Studio aufgebaut ist, wäre es keine gute Idee, wenn die Monteure plötzlich einen Ausflug nach Versailles machen. Sicher, originelle Idee, mal ganz was anderes, aber sowie der Redakteur das liest, fliegt Dein Script im hohen Bogen in den Papierkorb. Vermeide auch Szenen mit vielen Komparsen, speziellen Kostümen, aufwendiger Maske oder teuren Spezialeffekten. Bei den Texten, die Du hier als Talentprobe ablieferst, geht es nicht um Originalität, sondern um solides Handwerk: Im Wesentlichen um zwei Dinge:

A Weißt Du, wie diese Serie funktioniert?

B Ist es lustig?

Am besten kommen Alltagssituationen an. Aber auch scheinbar normale Sets können teuer sein. Zum Beispiel ist es kein guter Plan, etwas an einer Tankstelle spielen zu lassen. Im Gegensatz zu einem Restaurant, in dem man nachts drehen kann, wenn es leer steht und trotzdem mittels Scheinwerfern den Effekt hervorrufen kann, die Szene spiele tagsüber (ähnliches gilt auch Kaufhäuser, Büros, u.a.) geht das bei einer Tankstelle nicht. Hier muss man dem Betreiber einen teuren Verdienstausfall ersetzen. Solche Überlegungen sollten in Deine Setauswahl unbedingt mit einfließen. Oft werden die Sets auch von der Redaktion vorgeben. So oder so empfiehlt es sich, für verschiedene Sets zu schreiben; wenn dann ein Set plötzlich gestrichen wird – es wäre nicht das erste Mal – oder von vorneherein nicht in Frage kommt, fallen nicht gleich alle Deine Texte flach. Je alltäglicher desto besser. Noch besser ist es, wenn es egal ist, ob Deine Szene, in einem Straßencafe, im Park oder im Wohnzimmer spielt. Das erhöht Deine Chancen beträchtlich.

Für Sitcoms gilt im Prinzip das gleiche, nur hier solltest Du niemals (!) ein Script als Bewerbungstext einreichen, das Du speziell für diese Sitcom geschrieben hast. Denn egal, wie gut Du diese kennst, der erfahrene Chefautor wird darin etwas finden – auf das Du im Leben nicht gekommen wärst – das überhaupt nicht dem Geist und den Prinzipien dieser Serie entspricht und schon bist Du – als jemand, der ja offenbar keine Ahnung hat – weg vom Fenster. Reiche also immer ein Script für irgendeine andere Sitcom ein, die du magst, es geht nur darum, dass sie sehen, dass Du schreiben kannst, wenn Du dann erstmal drin bist, darfst Du Fehler machen, die man ohne viel Aufhebens korrigieren wird.

Zum Schluss beachte auch immer eine der heiligen Regeln des Comedywriting bei Sketchen und Sitcoms. Wenn Du Dir aus diesem Buch nur eine Sache merkst, dann diese:

Frage Dich bei jedem Satz, den Du schreibst: Ist er entweder für die Handlung unverzichtbar oder ist er lustig? Wenn keins von beidem der Fall ist, fliegt dieser Satz raus, und wenn er noch so gut ist.
(Im Film dagegen ist auch noch Zeit für andere Dinge und oft sind gerade diese eigentlich überflüssigen Momente sogar die besten.)

Möglichkeit B

Oder Du hältst es mit Regisseur Harald Dietl, der die Ansicht vertrat, dass der Moment, nach langer Durststrecke endlich nach eigenen Vorstellungen arbeiten zu dürfen, niemals kommt. Wer künstlerisch seine Vorstellungen umsetzen will, muss dies von Anfang an tun. Beweise dafür gibt es zu Hauf. Haben Künstler wie Orson Welles, Quentin Tarantino oder die Coenbrüder erst einmal jahrelang gefälligen Mainstream gemacht, um dann viel später plötzlich ihre eigene unverwechselbare Handschrift zu entwickeln?
Natürlich ist das der härtere Weg. Integre Künstler haben nämlich schnell den Ruf weg „schwierig" zu sein. Dabei sind sie genau das *nicht*. Sie haben nur eine eigene Meinung und wissen genau, was sie wollen und was nicht. Möglicherweise wirst Du auf diese Weise weniger Aufträge erhalten, insbesondere keine Anschlussaufträge, aber andererseits hast Du die Genugtuung, dass Dir alle Deine Werke gefallen. Und ist nicht das der eigentliche Grund, einen künstlerischen Beruf zu ergreifen? Was nützt es, lauter Kompromisswerke zu schaffen, nur um damit Geld zu verdienen? Dann könnte man ja gleich Immobilienmakler werden. Da verdient man mit weniger Arbeit mehr Geld.
Oft wird man Dir mit dem Argument kommen, dass man doch *alle* mit ins Boot holen wolle, also auch die Zuschauer, die Deinen hintergründigen Humor nicht verstehen. Wenn Du dem nachgibst, und das Niveau Deiner

Arbeit absenkst, wirst Du vielleicht mehr Aufträge und mehr Zuschauer haben, aber dafür genau *die* verlieren, auf die es Dir ankommt, nämlich die, die so ticken wie Du, denen ist es dann nämlich zu billig.

Falls Du Dich für den Weg der künstlerischen Integrität entscheidest, rechne mit Zurückweisungen noch und nöcher. Du wirst Deine Wände mit Ablehnungsschreiben tapezieren können. Deine Erfolgsquote wird bei etwa hundert zu eins liegen. Aber das darf Dich nicht schrecken und von Deinem für Dich als richtig erkannten Weg abbringen. Vergiss nie: Alle außer Dir sind Idioten.

Egal, für welchen dieser beiden Wege Du Dich entscheidest, sei stets präsent bei den Greenlight-Guys, also den Leuten, die die Macht haben, zu entscheiden ob etwas produziert wird und mit wem. Bringe Dich immer wieder in Erinnerung, aber sei nicht (sichtbar) genervt, wenn Du oft ewig keine Antwort bekommst oder eine Absage. Das kann viele Gründe haben. Nimm es nie persönlich, sei ein Stehaufmännchen*frauchen und melde Dich bald darauf wieder, als sei nichts gewesen. Irgendwann wird es klappen.

Nachbemerkung 1:
Es soll auch Fälle gegeben haben, wo ein Text abgelehnt wurde, weil er einfach nicht gut war. Dies ist natürlich ein kurioser Spezialfall, der weder Dich noch mich je betreffen wird, ich wollte es ja auch nur mal erwähnt haben.

Nachbemerkung 2:
Das beste Script nützt nichts, wenn es falsch umgesetzt wird. Fehlendes Understatement, eine Betonung an der falschen Stelle, eine Pause zu wenig, all das und vieles mehr kann aus einem genial lustigen Text eine fade

Angelegenheit machen, die am Ende nicht lustig ist. Da außer Dir keiner weiß, wie es auch anders sein könnte, wird jeder sagen, „das ist einfach nicht lustig“ und Dir die Schuld geben.
Aus diesem Grund ist Billy Wilder Regisseur geworden. Quasi aus Notwehr, er konnte es nicht mehr mit ansehen, wie seine grandiosen Drehbücher von ahnungslosen Regisseuren schlecht umgesetzt wurden.
Wenn es möglich ist, dass Du bei Deinen Texten selbst Regie (oder zumindest Dialogregie) führst, wunderbar; wenn das nicht geht, versuche zumindest, Missinterpretationen zu minimieren. Verlass Dich nicht darauf, dass ein Gedankenstrich beachtet wird. Schreib ruhig zwischen zwei Sätzen „PAUSE“, wenn das nötig ist. Erfahrungsgemäß würden Schauspieler und Regisseure nicht im Leben drauf kommen, dass Du Dir bei den Satzzeichen was gedacht hast, dass es einen Unterschied macht, ob da ein Punkt, ein Doppelpunkt oder ein Komma oder gar ein Semikolon steht, also mach es überdeutlich. Wenn ein bestimmtes Wort in einem Satz betont werden muss, damit die Stelle komisch ist, dann schreib dieses Wort ruhig GROSS. Setze ironisch betonte Satzteile in Anführungsstriche und scheue auch nicht vor Regieanweisungen wie z. B. „schnell“, „als wenn nichts gewesen wäre“, „gleichgültig“, „auf einem Atem“ etc. etc. zurück. Sie sind bei Schauspielern und Regisseuren nicht gern gesehen („Wir sind selber kreativ und lassen uns nichts vorschreiben!“) aber oft werden sie am Ende trotzdem von Nutzen sein. Es ist ein bisschen wie in Amerikanischen Prozessen, wo der Richter die Geschworenen anweist, ein gerade im Gerichtssaal geäußerten Satz nicht zur Kenntnis zu nehmen. Die Geschworenen tun es natürlich trotzdem, weil es gar nicht anders geht.
Wenn Du die Gelegenheit hast, Dein Script auf einer Leseprobe vorzulesen, dann nutze diese Gelegenheit, bereite Dich optimal vor und lies es so perfekt wie möglich, manches wird man sich vielleicht merken.

Zum Schluss dieses Kapitels sei Calvin Coolidge, der dreißigste Präsident der USA zitiert:

Nichts auf der Welt geht über Beharrlichkeit. Talent nicht – es wimmelt von gescheiterten Existenzen mit Talent. Genie nicht – das verkannte Genie wurde zum Begriff. Erziehung nicht – allerorten finden sich gut erzogene Versager. Zielstrebigkeit und Ausdauer alleine verbürgen den Erfolg.

Heilige Kühe

Es existieren einige Behauptungen über Komik, Satire und Kabarett, die so oft gebraucht werden, dass sie gar nicht mehr in Frage gestellt werden (wie z. B. der anfangs ausführlich widerlegte Satz „Comedy ist Tragödie plus Zeit") aber sind sie deshalb auch wahr? Es ist an der Zeit, einige dieser heiligen Kühe zu schlachten. Zweifellos ist dies ein sehr kontroverses Kapitel, das vielen ganz und gar nicht gefallen wird, umso wichtiger ist es.

Heilige Kuh Nr. 1

Komik ist immer überraschend.

Das wird auch durch ständige Wiederholung nicht wahrer. Wenn es wahr wäre, könnte man sich ja keine Komödie mehrfach ansehen.

Richtig ist, dass beim ersten Mal die Komik am stärksten wirkt, aber über manche Gags kann man sich wieder und wieder amüsieren. Überraschung verstärkt die Komik, ist aber keineswegs eine Voraussetzung.

In Mel-Brooks Remake von Lubitschs „Sein oder nicht sein" gibt es eine Szene, die das illustriert: Brooks liegt im Bett, neben ihm im Bett liegt aber nicht seine Frau, wie er glaubt, sondern ein Mann. Brooks tastet ohne hinzusehen an dem Mann herum und wird immer irritierter, aber er braucht sehr lange, um zu verstehen, dass es nicht seine Frau ist. Die Szene ist ziemlich lustig, obwohl es keine Überraschung gibt, der Zuschauer weiß schon lange vor Brooks, wie es enden wird, nämlich mit einem Schrecken für Brooks. Als dieser dann tatsächlich eintritt, lacht der Zuschauer erneut, obwohl genau das passiert ist, was man die ganze Zeit erwartet hat.

Die einzige Ausnahme sind Gags, die ausschließlich auf der Überraschung beruhen, dazu zählen ganz besonders die grauenvollen Kamera-zieht-auf-Sketche. In diesen TV-Sketchen sieht man eine Situation, die zunächst einmal überhaupt nicht komisch ist, dann jedoch fährt die Kamera zurück und der Zuschauer entdeckt, dass er bisher die Sachlage gar nicht voll erfasst hatte.

Beispiel: Ein Mann macht einer Frau eine längere Liebeserklärung. (Bis hierher nicht lustig.) Die Kamera zieht auf, wir sehen nun, dass der Mann ein Standesbeamter ist, der gerade eine Trauung vollziehen soll, während der künftige Ehemann der Frau empört daneben sitzt. Das ist nur beim ersten Sehen lustig und danach nie wieder. Aus irgendeinem geheimnisvollen Grund sind solche Sketche im deutschen Fernsehen überaus beliebt. Auch der Zuschauer akzeptiert sie, aber es wird nie vorkommen, dass ein solcher Sketch zu einem Klassiker wird, wie z. B. etwas von Monty Python. Solche Sketche sind reine Wegwerfware.

Heilige Kuh Nr. 2

Comedy muss man nicht lernen

Als professioneller Comedyautor oder Komiker wirst Du feststellen, dass jeder (und mit „jeder" meine ich: **jeder**) glaubt, Dir reinreden zu können und von der Sache genau soviel oder gar mehr zu verstehen als Du und dies umso mehr, je weniger er selbst davon versteht. Dieses Phänomen ist auch als Dunning-Kruger-Effekt bekannt: Man braucht Kompetenz, um Kompetenz zu erkennen und gerade diejenigen, die nicht einmal in der Lage sind, zu erkennen, wo bei einer Tätigkeit die Schwierigkeiten liegen, halten sich in ihr für besonders fähig. (Beispielsweise Fahranfänger). Obwohl niemand auf die Idee käme, seine gelegentlichen Strichmännchenzeichnungen seien gleichwertig mit der Arbeit eines Malers, der diese Profession seit vielen Jahren beruflich betreibt, wird im Comedybereich genau dies angenommen. Es ist die einzige Kunst, die nicht als Kunst anerkannt wird. Warum bekommt nie eine Komödie den Oscar für den besten Film? In den ganz wenigen Fällen, wo es dann doch der mal Fall war, Woody Allens *Der Stadtneurotiker*, oder *The Artist* kamen weitere Aspekte hinzu, die diesen Film in den Augen der Academy auszeichnungswürdig machten, aber eine „reine Komödie" mit Laurel & Hardy oder Steve Martin zum Beispiel, die einfach „nur" lustig ist, hatte und hat nie eine Chance. Und wiewohl Steve Martin die Oscarfeierlichkeiten zwar moderieren darf – einen Academy Award als bester Darsteller wird er nie erhalten, solange er nicht in einer ernsten und somit „künstlerisch wertvollen" Rolle auftritt. Einmal erlebte ich bei der Aufzeichnung einer Comedyshow, wie der verantwortliche Regisseur darüber stöhnte, vom Sender hierfür eingeteilt worden zu sein, statt für eine seriöse Sendung. (Entsprechend unbedarft war dann auch seine Regie.)

Dass es sehr viel schwerer ist, Menschen zum Lachen, als zum Weinen zu bringen, ist zwar eine Binsenweisheit, von der jeder schon mal gehört hat, aber die anschließend sofort wieder vergessen wird.

Sicher, auch der Laie kann einen Witz, den sich jemand anders ausgedacht hat oder eine selbst erlebte Geschichte, die in sich bereits komisch ist, erzählen oder in einer bestimmten Situation eine witzige Bemerkung machen, so dass alle lachen, aber er ist damit ebenso wenig Profi, wie jemand der auf dem Klavier den Flohwalzer spielen kann, ein Konzertpianist ist, denn es gibt mindestens zwei Dinge, die ihn vom Profikomödianten unterscheiden.

Zum einen, kann er nicht zu jedem beliebigen Zeitpunkt Komisches erzeugen, sondern nur, wenn er in der Stimmung dazu ist, ihn die Inspiration überkommt oder wenn ihm die Wirklichkeit gerade eine Steilvorlage bietet. Es ist in etwa so, wie der Unterschied von zufällig Geld auf der Straße finden und sein Geld mit Arbeit verdienen.

Zum anderen, bezieht sich die Komik des Laien fast immer auf Dinge, die bereits allgemein als komisch erkannt *sind.* Die Komik im Alltäglichen erkennt er nicht. Der Laie sieht sich zwanzig Jahre alte Fotos von sich an und

amüsiert sich, was er damals für lächerliche Kleidung trug, ohne zu bemerken, dass er in diesem Moment die Kleidung trägt, über die er sich in weiteren zwanzig Jahre amüsieren wird. Der Laie lacht über die komische Nebenfigur in einem Hugh-Grant-Film, die ständig peinliche T-Shirts mit lustigen Sprüchen trägt und merkt nicht, dass er selber diese Figur ist.
(Übrigens kann man auch viele Berufskomiker geistig zu den Laien zählen. Nämlich dann, wenn sie sich über das offensichtlich Komische lustig machen. Mit dem Nachäffen von Donald Trump oder Klaus Kinski, ist es sehr leicht, die Lacher auf seiner Seite zu haben. Das ist Pausenhofhumor.)
Und während in Deutschland zahlreiche Komiker ihr Programm fast vollständig auf die Unterschiede zwischen Männern und Frauen aufgebaut haben, rümpft man in Amerika längst die Nase darüber, denn was könnte offensichtlicher sein. Jedes Kind weiß um diese Unterschiede.
Der gute Komiker hingegen dringt in tiefere Schichten der Wirklichkeit ein, macht sich nicht über das Erstbeste, was ins Auge fällt, über das, auf das jeder kommen würde, das offensichtlich Komische lustig, sondern über das scheinbar Normale. Über das, was sich erst bei genauerer Betrachtung als komisch erweist, aber dem Laien so lange normal erscheint, bis er auf die immanente Komik hingewiesen wird. Ein gutes Beispiel dafür ist Larry Davids *Curb your Enthusiasm,* wo alltägliche Kleinigkeiten und Verhaltensweisen Basis seiner Komik sind.
Eine weit verbreitete Ansicht ist, dass es eine Geschmacksfrage ist, welche Formen der Komik man mag. Das ist genauso falsch, wie zu sagen, es ist eine Geschmacksfrage, ob man lieber Dosengerichte oder Gerichte von Spitzenköchen isst. Vielmehr ist die Frage, welches Niveau man auf diesen Gebieten erreicht hat und dass man in der Lage ist, hohe Qualität zu erkennen, statt auf Gerichte hereinzufallen, die nur mit Geschmacksverstärkern und künstlichen Aromen arbeiten.
Der Witz ist das Erdgeschoss des Humors, sagte einst der Schauspieler Werner Krauß (wobei ich hinzufügen möchte: Clowns sind der Keller).

Zwischen einem Clown, der einem anderen in den Hintern tritt und der subtilen Komik von Ricky Gervais' *The Office* liegen Welten.

Heilige Kuh Nr. 3

Comedy kann man lernen

Man kann Comedy ebenso lernen, wie man Marathonlaufen lernen kann, aber am Ende gewinnt fast immer ein Läufer aus Kenia. (Google selbst, warum das so ist.)

Natürlich kannst Du Dich technisch informieren, hervorragende Fachbücher zum Thema (beispielsweise dieses hier) lesen und von morgens bis abends Monty Python und *Seinfeld* gucken, aber wenn Du eigentlich kein tiefes Interesse daran hast und dies nur tust, weil Du vielleicht denkst, dass komische Texte beim Publikum besser ankommen, dann wirst Du es nicht weit bringen. Wie in jeder Kunst wirst Du nur Großes leisten, wenn Du diese von frühester Kindheit an liebst, Du das Lachen anderen Beschäftigungen vorziehst, wenn sich Dein ganzes Denken um dieses Gebiet dreht, wenn Du die Welt mit anderen Augen siehst, als die Menschen um Dich herum. Das heißt nicht, dass Du von frühester Kindheit Comedian werden wollen musst, diese Entdeckung kommt oft erst viel später (erstmal muss man wissen, dass das überhaupt ein Beruf ist) aber die Liebe dazu muss da sein. Meine Eltern erzählten mir beispielsweise, dass mein liebstes Spiel als Kleinkind von zwei Jahren ein Spiel war, dass ich „Vatta" nannte. Es bestand darin, dass sich mein Vater auf den Boden setzte und ich ihn umschubste. Wenn er dann umfiel, kugelte ich mich jedes Mal aufs Neue vor Lachen. Klingt simpel, ist aber Comedy in Reinkultur, denn die übermächtige Figur des Vaters wurde von einem Zweijährigen zu Fall gebracht, was geradezu ein Musterbeispiel für Fallhöhe ist, und für einen jungen, künftigen Comedyautoren, der noch nicht sprechen und schreiben kann, das ideale Medium, da man außer einem Vater kein weiteres Zubehör benötigt. Auch erinnere ich mich noch wie heute, wie ich im Fernsehen zum ersten Mal einen Schauspieler (Georg Thomalla), einen Doubletake machen sah. Obwohl ich erst acht Jahre alt war, war mir augenblicklich bewusst, dass ich etwas ganz Besonderes, Wertvolles, mir bis dahin Unbekanntes gesehen hatte, was es sich zu merken galt.

Ebenfalls entsinne ich mich, wie komisch ich in meiner Gymnasialzeit alle meine Lehrer fand und wie fassungslos ich darüber war, dass meinen Mitschüler deren Verhalten anscheinend völlig normal erschien. Mit dem Gefühl für Komik ist es wohl wie mit dem Gefühl für Rhythmik in der Musik. Du hast es, oder nicht. Oder wie Goethe sagt:

Wenn Ihr's nicht fühlt, Ihr werdet's nicht erjagen.

Der Komiker Jerry Seinfeld erklärte einmal in einem Interview, dass er mit jedem x-beliebigen Comedian, selbst wenn er ihn gerade erst kennen gelernt hat und dieser beispielsweise aus Norwegen kommt, ein stärkeres Gefühl der seelischen Übereinstimmung hat, als mit vielen Freunden, die er schon sein ganzes Leben kennt.

Um Comedian oder Comedyautor zu sein, bedarf es einer bestimmten Persönlichkeitsstruktur. Ebenso wie es einer bestimmten Persönlichkeitsstruktur bedarf, um Politiker, Berufskiller oder Friseur zu sein. Komiker lieben zunächst einmal Komik und zwar mehr, als die meisten anderen Dinge um sich herum, außerdem sind sie genau bis zur Pedanterie und haben einen starken Sinn für Details. Sie nehmen die Welt nicht nur wahr, wie sie *ist*, sondern ständig auch, wie sie sein *sollte* und verzweifeln an der Diskrepanz, oder wie Tucholsky es formulierte: „Der Satiriker ist ein gekränkter Idealist: Er will die Welt gut haben, sie ist schlecht und nun rennt er gegen das Schlechte an.“ Außerdem nehmen sich selbst nicht nur von innen, sondern auch von außen wahr und bemerken nicht nur bei anderen, sondern auch bei sich absurdes Verhalten, oder pointierter formuliert: Der Unterschied zwischen einem Komiker und einem Spinner ist, der Komiker *weiß*, dass er spinnt.

Heilige Kuh Nr. 4

Satire ist eine scharfe Waffe, die von Politikern gefürchtet wird.

Wenn das der Fall ist, muss die Frage erlaubt sein: Hat die politische Auseinandersetzung mit komischen Mitteln je etwas bewirkt?
Mir fällt da nicht ein einziges Beispiel ein. Nicht eins!
Selbst Charlie Chaplins fantastische Satire *Der große Diktator* hat nichts bewirkt. Im Gegenteil: Als der Film herauskam, wurde Chaplin dafür angefeindet. In den USA wohlgemerkt, die es sich mit Hitler nicht verderben wollten. Gedreht werden konnte der Film ohnehin nur, weil Chaplin seine Filme immer aus eigener Tasche finanziert hat. Erst zwei Jahre später, als die USA in den zweiten Weltkrieg eintraten, war der Film plötzlich genehm. Im Nachhinein also.
Aber auch dann hatte dieser Film – eine der besten Satiren aller Zeiten, in der zwei Diktatoren (Hitler und Mussolini) so gekonnt der Lächerlichkeit preisgegeben wurden, wie nie zuvor und selten danach – irgendeine politische Auswirkung. Das Publikum kann nämlich sehr gut unterscheiden zwischen Chaplins Hitler und dem echten Hitler.
Wenn Chaplin es geschafft hätte, den echten Hitler vor laufender Kamera auf einer Bananenschale ausrutschen zu lassen, das hätte Hitler – in Deutschland – vielleicht geschadet, aber als Fiktion bleibt es wirkungslos.
Genauso wirkungslos, wie die Bemühungen von heutigen Kabarettisten und Satirenformaten, die sich am gegenwärtigen Politikerpersonal abarbeiten. Wer sieht sich diese Satire denn an? Zuschauer, die genau so denken, wie die Performer. Wer hingegen diesen Politikern positiv gegenübersteht,

wird sich das gar nicht ansehen und falls doch, wird er nicht plötzlich ausrufen. „Ja, das stimmt, ich ändere meine Meinung." Nein, politische Satire bestätigt nur vorhandene Meinungen und schafft ein heimeliges Wir-Gefühl, das letztlich sogar eher Druck aus dem politischen Kessel nimmt und damit in seiner Wirkung nicht nur nicht subversiv ist, sondern sogar eher für die Erhaltung der bestehenden Machtverhältnisse sorgt.

Das Einzige, was Komik bewirkt, ist die Lebensqualität zu erhöhen, aber das ist ja auch nicht zu verachten.

Wie sagte schon Samuel Goldwyn, der Filmproduzent und lebendes Mittelteil von Metro-Goldwyn-Meyer (MGM) zu seinen Drehbuchautoren:

Wenn Du eine Botschaft hast, schick ein Telegramm!

Heilige Kuh Nr. 5

Autoren haben manchmal eine Schreibblockade.

So etwas wie eine Schreibblockade existiert nicht. Sie ist ein Mythos oder weniger nett gesagt: eine faule Ausrede. Schon der Begriff Schreibblockade ist absurd: Wie müsste man sich diese Blockade vorstellen? Irgendeine Schranke im Gehirn, die Denkprozesse verhindert? Wohl kaum. Es gibt auch in anderen Berufen spezifische Ängste. Schauspieler haben zum Beispiel Lampenfieber, aber es ist typisch für Schriftsteller, aus einem nicht greifbaren Gefühl einen massiven Gegenstand zu machen. Dieses Gefühl ist nichts anderes als – Angst. Die Angst vor dem Anfangen, die Angst, dass der Text schlecht wird. Diese Angst ist aber völlig normal und gehört dazu. Unter Staubsaugervertretern gilt die Regel: „Das Gespräch beginnt mit einem *Nein*." Also erst nachdem der Vertreter an der Haustür geklingelt und der Bewohner ihm versichert hat, dass er definitiv keinen Staubsauger zu kaufen gedenkt, beginnt aus Sicht des Vertreters überhaupt erst das

Verkaufsgespräch. Diese Haltung sollte man sich auch als Autor zu eigen machen. Das Schreiben beginnt mit Leere im Kopf und Panik. Das gehört dazu und zeigt nur, dass man einen Qualitätsanspruch hat und um die Schwierigkeiten weiß. Hinzu kommt, dass man keine Lust und eigentlich keine Zeit hat. Nie! Wie sagt Thomas Mann: „Ein Schriftsteller ist ein Mann, dem das Schreiben schwerer fällt als anderen Leuten.“ Sorgen sollte man sich eher dann machen, wenn man keine Panik hat und Schreiben für leicht hält, wie es oft bei Dilettanten der Fall ist.

Also erst kommt die Angst und dann fängt man an, etwas hinzuschreiben. Das darf ruhig schlecht sein. Man sollte nicht den völlig überzogenen Anspruch an sich selbst haben, dass sofort alles perfekt ist. Schon Hemingway wusste: „Ich kann nicht schreiben, nur feilen.“ Das ganze Geheimnis besteht darin, am Schreibtisch sitzen zu bleiben und mehrere Stunden am Text zu arbeiten, statt ewig auf die geniale Inspiration zu warten, die in zwei Minuten, in zehn Jahren oder auch nie kommen kann. Und wer je in die Lage kommt, täglich einen Text abliefern zu müssen, z. B. für eine Kolumne in der Tageszeitung oder ein Radio- oder Fernsehformat, wird sowieso feststellen, dass eine Schreibblockade ein Luxus ist, den sich nur der leistet, der bis zur Fertigstellung seines Textes viel Zeit hat. Wer liefern muss – liefert.

Heilige Kuh Nr. 6

Satire darf alles.

Dieser Satz wird gerne von Kabarettisten gebracht, wenn man sie kritisiert. Geradezu triumphierend verweisen sie dann auf Kurt Tucholsky, der 1919 einen Artikel mit diesen Worten beendete: „Was darf die Satire? – Alles.“ Was aber ist dagegen zu sagen? Nun, zum einen ist es naiv, so zu tun, als wenn damit jede weitere Diskussion überflüssig wäre. Tucholsky hat schließlich kein Naturgesetz wie die Schwerkraft entdeckt, sondern nur eine Meinung geäußert. Und zwar zu dem, was er im Jahre 1919 unter Satire verstand, aber heutige Kabarettisten und Comedians behandeln diesen Satz wie eine höchstrichterliche Entscheidung in letzter Instanz, der die Dinge ein für alle Male klärt. Sie benutzen ihn als Schutzschild und interpretieren ihn so: „Ich darf alles und habe keinerlei Rücksichten zu nehmen."

Natürlich ist es überaus angenehm, den einzigen Beruf zu haben, der über allem steht und keinerlei moralischen Regeln unterworfen ist, aber das wäre wohl kaum im Sinne Tucholskys gewesen. Ich denke, er würde sich im Grab umdrehen, wenn er wüsste, wer sich heute alles auf ihn beruft. Viele Komiker und Kabarettisten heute wissen nämlich gar nicht, was Satire ist. Einen Politiker mit Schmähungen zu überziehen und dabei vielleicht noch ein oder zwei Pointen einzustreuen ist noch lange keine Satire. Satire ist nicht Meinung, sondern genaue Beobachtung und Übertreibung des Tatsächlichen, bis das Lächerliche daran für alle erkennbar wird.

Tucholsky war ein Meister der Satire, viele Komiker heutzutage sind nur Zyniker, die überall draufschlagen, wo sie eine Schwäche wittern und Türen eintreten, die schon seit Jahrzehnten offenstehen. Aasgeier, die sich dem Mittel der Komik bedienen.

Was darf Satire? – Alles. – Wenn es Satire *ist*.

Heilige Kuh Nr. 7

Man muss die Regeln kennen, bevor man sie bricht.

Es gibt zwei Sorten von Regeln: Zum einen ausgedachte Regeln. Sie reichen von totaler Willkür (Zum Frack trägt man keinen Sombrero), bis hin zu sehr wichtigen (Wenn die Ampel rot ist, fahre ich nicht weiter), deren Nichtbefolgung tödliche Folgen haben könnte.

Diese Sorte von Regeln kann man brechen, wobei es allerdings im Ergebnis oft gar keinen Unterschied macht, ob man sie mutwillig oder aus Unkenntnis bricht. Mit anderen Worten, es spielt keine Rolle, ob man die Regel vorher kannte. Ob man einen Sombrero zum Frack trägt, weil man es als Provinzdepp nicht besser weiß, oder weil man ein berühmter Modedesigner ist, macht nur in den Augen der anderen einen Unterschied. Wenn es beim Modedesigner plötzlich toll ist, war die Regel vorher falsch. Auch könnten die Bewohner einer einsamen Südseeinsel, die total vom Rest der Welt abgeschnitten sind, und noch nie von unseren Verkehrsregeln gehört haben, bei sich die Regel einführen, dass man bei Rot fährt und bei Grün anhält, kein Problem, funktioniert genauso gut.
Zum anderen aber gibt es Regeln, die aus sich selbst heraus existieren, z. B. die Schwerkraft.
Diese Regeln lassen sich nicht brechen, sie gelten absolut, ihnen ist es egal, ob man sie kennt oder nicht. Wer in Unkenntnis der Schwerkraft vom Hochhaus springt, ist trotzdem tot. Um die Regeln dieser zweiten Art geht es in diesem Buch.

Heilige Kuh Nr. 8
Man soll dem Publikum geben, was es will.

Die Zuschauer wissen nicht, was sie wollen, bis sie es sehen. In extremen Fällen muss es sogar einsehen, dass es das, was es immer glaubte, sehen zu wollen, tatsächlich überhaupt nicht sehen will: In der Sitcom *Frasier* gibt es einen Running Gag. Frasiers Bruder Niles ist unglücklich verheiratet, aber unsterblich verliebt in Daphne, die Physiotherapeutin seines Vaters. Sie ahnt nichts davon, während er sich oft fast verrät und erst im letzten Moment der Sache eine harmlose Wendung geben kann, was zu zahllosen komischen Situationen führt. So eine unresolved sexual tension („urst") ist ein Element, dass eine Szene sehr viel interessanter machen kann.

Nun liegt es in der Natur des Menschen, dass Spannungen bzw. unerfüllte Wünsche im wirklichen Leben als unbefriedigend empfunden werden. Man will eine Lösung. So wie man auch sonst im wirklichen Leben will, dass alles angenehm ist. Doch genau das ist Gift in der Kunst. Kunst lebt von Spannung, Problemen und Konflikt, sonst ist es uninteressant.

Nachdem man sich über neun Staffeln an dieser Konstellation erfreut hatte, verfielen die Macher von *Frasier* leider auf den Trugschluss, das Ganze noch zu toppen und dem Publikum endlich das zu geben, wonach es seit Jahren verlangte. In der zehnten Staffel heiraten also Niles und Daphne. Wahrscheinlich hatte die Hochzeitsfolge eine Riesenquote, aber danach waren die beiden nur noch ein normales Ehepaar und die Spannung zwischen den beiden verschwunden. Ein wichtiges komisches Element dieser Sitcom war somit vernichtet. Auch das mag dazu beigetragen haben, dass die Serie nach der nächsten Staffel eingestellt wurde.

***

Dies ist das Ende dieses Handbuches über Komik. Ich habe versucht, die Quintessenz meiner jahrzehntelangen theoretischen und praktischen Erfahrungen und Überlegungen in diesem Metier zu Papier zu bringen. Das war nicht leicht und hat viel weniger Spaß gemacht, als Du vielleicht denkst. Aber wenn ich damit auch nur einen Leser davon abhalte, diesen Beruf zu ergreifen, waren meine Mühen nicht umsonst.

An Stelle eines Nachworts

Wenn man's kann, ist es keine Kunst, und wenn nicht, erst recht nicht.

Karl Valentin

Wie viele Deutsche braucht man, um eine Glühbirne zu wechseln?

Einen. Wir sind effizient und haben keinen Humor.

Amerikanischer Witz

ANHÄNGE

A Komisches auf Listen

Subjektive Liste der besten Filmkomödien aller Zeiten

Über die Anordnung der Filme lässt sich streiten. Ist zum Beispiel *Ein Schuss im Dunkeln* (der beste der Inspector-Clouseau-Filme) in erster Linie als Blake-Edwards-Film oder als Peter Sellers-Film anzusehen? In der Regel habe ich mich bei der Zuordnung für die bekanntere Person entschieden (oder die, welche eher mit diesem Werk verbunden wird) und Doppelungen vermieden. Allerdings nicht immer: So steht z. B. *Casino Royale* (1967), in dem Peter Sellers eine der Hauptrollen spielt unter „Woody Allen“, denn dieser spielt zwar nur eine kleine Rolle, welche aber im Gegensatz zum Sellerspart den Vorzug hat, komisch zu sein. Ähnliches gilt auch für Chaplins *Rampenlicht*, der hier unter „Buster Keaton“ geführt ist. Man wird auch feststellen, dass bei den Künstlern, von denen mehrere ihrer Werke aufgelistet werden, längst nicht alle diese genannt sind, sondern nur die – meiner subjektiven Meinung nach – besten. Grundsätzlich lässt sich über jegliche Auswahl natürlich streiten (ist es z. B. wirklich vertretbar Jerry Lewis wegzulassen? Meiner persönlichen Meinung nach: ja), auch möge mir man eine gewisse scheinbar chaotische Willkür verzeihen, aber ich musste feststellen, dass es praktisch unmöglich ist, ein vernünftiges, durchgängiges System zu verfolgen, das allen Kriterien gerecht wird.

Woody Allen

Casino Royale (1967)

Woody, der Unglücksrabe

Bananas

Mach‘s noch einmal, Sam

Der Schläfer

Die letzte Nacht des Boris Gruschenko

Der Stadtneurotiker

Manhattan

Zelig

Broadway Danny Rose

Hannah und ihre Schwestern

The purple Rose of Cairo

Radio Days

Verbrechen und andere Kleinigkeiten

Bullets over Broadway

Alle sagen: I love you

Fred Astaire

Die Tänzer vom Broadway

Vorhang auf

Mel Brooks

The Producers (1967)

Der wilde, wilde Westen

Frankenstein Junior

Silent Movie

Höhenkoller

Jim Carrey

Die Maske

Die Truman-Show

Der Mondmann

Lemony Snicket – Rätselhafte Ereignisse

Charlie Chaplin

Der Immigrant

Ein Hundeleben

Gewehr über

The Kid

Die feinen Leute

Der Pilger

Goldrausch

Der Zirkus

Lichter der Großstadt

Moderne Zeiten

Der große Diktator

Monsieur Verdoux

Ein König in New York

Joel & Ethan Coen

A serious Man

Arizona Junior

Barton Fink

Hudsucker – Der große Sprung

The Big Lebowski

Louis De Funes

Der Gendarm von St. Tropez

Fantomas

Fantomas gegen Interpol

Fantomas bedroht die Welt

Oscar

Balduin das Nachtgespenst

Balduin der Heiratsmuffel

Onkel Paul, die große Pflaume

Hasch mich, ich bin der Mörder

Die Abenteuer des Rabbi Jacob

W.C. Fields

The Golf Specialist

If I had a Million

The Pharmacist

The Barber Shop

It's a Gift

You can't cheat on a honest Man

The Bank Dick

Never give a Sucker an Even Break

Buster Keaton

One Week

Convict 13

Neighbours

The Goat

Cops

My Wife Relations

Our Hospitality

Sherlock jr.

Sieben Chancen

Der General

Steamboat Bill jr.

Rampenlicht

Toll trieben es die alten Römer

Laurel & Hardy (Kleine Auswahl)

Big Business

Night Owls

Pardon us

Beau Hunks

The Music Box

Die Wüstensöhne

Bonnie Scotland

The Bohemian Girl

Our Relations

Way out West

Blockheads

The flying Deuces

Ernst Lubitsch

Die Austernprinzessin

Serenade zu dritt

Blaubarts 8. Frau

Ninotschka

Sein oder nicht sein

Steve Martin

The absend minded Waiter (Kurzfilm)

Reichtum ist keine Schande

Tote tragen keine Karos

Der kleine Horrorladen

Ein Single kommt selten allein

Die 3 Amigos

Ein Ticket für zwei

Zwei hinreißend verdorbene Schurken

Bowfingers große Nummer

Der rosarote Panther (2006)

Der rosarote Panther 2 (2009)

The Marx Brothers

Coconuts

Animal Crackers

Horse Feathers

Monkey Business

Duck Soup

A Night in the Opera

A Day at the Races

At the Circus

Go West

Eine Nacht in Casablanca

Love Happy

Monty Python

Die wunderbare Welt der Schwerkraft

Monty Python and the Holy Grail (Die deutsche Synchronfassung *Die Ritter der Kokosnuss* ist ein Verbrechen)

Das Leben des Brian

Der Sinn des Lebens

Monty Python Live at Aspen

Pierre Richard

Der große Blonde mit dem schwarzen Schuh

Der große Blonde kehrt zurück (Unbedingt in der Defa-Synchronisation sehen)

Der Tollpatsch mit dem sechsten Sinn

Und jetzt das Ganze nochmal von vorn.

Peter Sellers

Ladykillers

Der rosarote Panther (1963)

Dr. Seltsam, oder wie ich lernte die Bombe zu lieben

Ein Schuss im Dunkeln

Der rosarote Panther kehrt zurück

Eine Leiche zum Dessert

Inspector Clouseau – Der beste Mann bei Interpol

Inspector Clouseau – Der irre Flic mit dem heißen Blick

Billy Wilder

Das verflixte siebte Jahr

Manche mögen‘s heiß

Eins, zwei, drei

Und

Adel verpflichtet

Austin Powers 1-3

Bei Madame Coco (Buch: Carl Reiner)

Berliner Ballade

Blaubär – Der Film

Blues Brothers

Borat

Brazil (Terry Gilliam)

Das große Rennen rund um die Welt (Blake Edwards)

Das Leben ist schön (Roberto Benigni)

Das Superhirn

Der lange Tod des Stuntman Cameron

Der Mann, von dem man spricht (Heinz Rühmann)

Der Untertan

Die fabelhafte Welt der Amelie

Die Ferien des Monsieur Hulot (Jaques Tati)

Die Feuerzangenbowle (1944)

Die Französische Revolution fand nicht statt/Zwei Haudegen kommen selten allein (Gene Wilder)

Die nackte Kanone 1-3

Die Schlemmerorgie

Die Wutprobe

Down with Love

Du sollst mein Glücksstern sein (Singing in the Rain)

Ed Wood

Ein Fisch namens Wanda

Ein irrer Typ (Jean Paul Belmondo)

Ein seltsames Paar (Jack Lemmon und Walter Matthau)

Elling

Forrest Gump

Ganz oder gar nicht

Goodbye Lenin

Grand Budapest Hotel

Harold & Maude

Immer nie am Meer

Karniggels

Kein Pardon

Living in Oblivion

Mary Poppins

Ödipussi

OSS 117 – Der Spion, der sich liebte

OSS 117 – Er ist sich selbst genug

Pappa ante Portas

Reine Nervensache

Safety Last (Harold Lloyd)

Schick mir keine Blumen

Schlaf gut, Wachtmeister (Ephraim Kishon)

Schtonk

Schwarzer Kater, weißer Kater

Shakespeare in Love

Shaun oft he Dead

Spione wie wir

Stan & Ollie

Tanz der Vampire

Team America

The Impostors (Stanley Tucci)

The Producers (2005)

Top Secret (Zucker-Brüder)

True Lies

Und täglich grüßt das Murmeltier

Verschwörung im Berlinexpress

Zazie in der Metro

Zurück in die Zukunft 1-3

Subjektive Liste der komischsten TV-Serien aller Zeiten

After Life

Alf

Ally McBeal

Between Two Ferns

Black Adder

Big Train

Brooklyn 99

Columbo (70er Jahre)

Curb your Enthusiasm

Dave Allen at large

Die Firma Hesselbach

Die Harald-Schmidt-Show

Die Simpsons

Die Tony Randall Show

Die 2 (The Persuaders)

Dr. Muffels Telebrause

Edgar Briggs, das As der Abwehr

Ein Herz und eine Seele

Extras (Ricky Gervais)

Fast via im richtigen Leben (Gerhard Polt)

Fawlty Towers

Frasier

How I met your Mother

How to irritate people

I love Lucy

Kir Royal

Life's too short

Little Britain

Loriot 1-6

Mad-TV

Männerwirtschaft

Mein Name ist Earl

Mr. Bean

Mit Schirm, Charme und Melone

Monaco Franze – Der ewige Stenz

Monk

Monty Pythons Flying Circus

Nighty Night

Not the nine o'clock news

Pastewka (deutsche Version von Curb your Enthusiasm)

Patriot

Saturday night live (SNL)

Schmidteinander

Spaced

Seinfeld

Soap

South Park

Stromberg (deutsche Adaption von The Office)

The Carol-Burnett-Show

The Colbert-Report

The Honeymooners

The Jack-Benny-Program

The marvelous Mrs. Maisel

The Mary-Tyler-Moore-Show

The Office (Ricky Gervais)

The Office – An American Workplace (USA)

The Phil-Silvers-Show

The thick of it

The two Ronnies

30 Rock

Unbreakable Kimmy Schmid

Veep

Vexed

Yes, Minister

Yes, Premierminister

Your bet your Life (Quizshow mit Groucho Marx)

Your show of shows (mit Sid Caesar, feste Autoren: Woody Allen, Mel Brooks, Neil Simon, Carl Reiner)

Subjektive Liste der besten Theaterkomödien aller Zeiten

Woody Allen: Vorsicht, Trinkwasser!, Mach's noch einmal Sam, Tod, Gott

Allen Aykbourn: In Gedanken

Brecht, Bertolt: Der aufhaltsame Aufstieg des Arturo Ui, Die Kleinbürgerhochzeit

Ken Campbell: Fazz und Zwoo

Ray Cooney: Außer Kontrolle

Georges Feydeau: Floh im Ohr, u.v.a.

Dario Fo: Bezahlt wird nicht

Michael Frayn: Der nackte Wahnsinn

Gilbert & Sullivan: Der Mikado, u.v.a.

Curt Goetz: Hokuspokus, u.v.a.

Nikolai Gogol: Der Revisor

Carlo Goldoni: Der Diener zweier Herren, u.v.a.

Christian Dietrich Grabbe: Scherz, Satire, Ironie und tiefere Bedeutung

Eric Idle: Pass the Butler

Eugène Ionesco: Die kahle Sängerin

Ben Jonson: Volpone

Joseph Kesselring: Arsen und Spitzenhäubchen

Ephraim Kishon: Zieh den Stecker raus, das Wasser kocht

Eugène Labiche: Die Affäre Rue de Lourcine

Lopez, Robert; Parker, Trey, Stone, Matt: Book of Mormons

Ken Ludwig: Othello darf nicht platzen

Moliere: Der Geizige, u.v.a.

Monty Python: Spamalot

Johann Nestroy: Einen Jux will er sich machen, u.v.a.

Jasmin Reza: Kunst

Werner Schwab: Die Präsidentinnen, u.v.a.

Antony Shaffer: Revanche

Peter Shaffer: Komödie im Dunkeln

William Shakespeare: Ein Sommernachtstraum, u.v.a.

Neil Simon: Der letzte der feurigen Liebhaber, Ein seltsames Paar, Die Sunshine-Boys, u.v.a.

Anton Tschechow: Der Heiratsantrag

Oscar Wilde: Bunbury, u.a.

Subjektive Liste der komischsten Radiocomedys aller Zeiten

Die Marx Brothers Radio Show

Frühstück bei Stefanie

I am sorry, I'll read that again

Küss mich, Kanzler

Stenkelfeld

The Goon show

Subjektive Liste der komischsten Bücher aller Zeiten

Woody Allen: Wie Du Dir, so ich mir, Ohne Leid kein Freud, Nebenwirkungen

Cervantes, Miguel de: Don Quijote

Eilert, Bernd (Hrsg.) Das Hausbuch der literarischen Hochkomik

Horst Evers: Für Eile fehlt mir die Zeit

Fil: Pullern im Stehen

Goldman, William: Die Brautprinzessin

Max Goldt: Ä

Goscinny, René (Texte) und Tabary, Jean (Zeichnungen): Isnogud (Comic)

Wolf Haas: Der Brenner und der liebe Gott

Joseph Heller: Catch 22

Ephraim Kishon: Alle Satiren

Stephen Leacock: Die liebreizende Winnie

Stefan Lehnberg: Mein Meisterwerk (Der einzige objektive Vorschlag im ganzen Anhang)

Steve Martin: Blanker Unsinn

Groucho Marx: Groucho und ich

Spike Milligan: Puckoon

David Sedaris: Ein Tag ich sprechen hübsch

Mark Twain: Die Arglosen im Ausland

Dokumentationen über Comedy

A Comedian (von Jerry Seinfeld)

Comedians in Cars getting Coffee (Seinfeld)

Woody Allen: A Documentary

The unknown Chaplin

Hilfreiche Literatur

Ayckbourn, Alan: Theaterhandwerk

Bachmaier, Helmut (Hrsg.): Texte zur Theorie der Komik

Berle, Milton: Milton Berle's private Joke File

Bergson, Henri: Das Lachen

Carter, Judy: The comedy bible

Carter, Judy: Stand-Up Comedy – The Book

Dean, Greg: Step by step to Stand-Up comedy

Duden Band 8 – Die sinn- und sachverwandten Wörter

Goldmann, William: Das Hollywoodgeschäft

Johnstone, Keith: Theaterspiele

Kaplan, Steve: The hidden Tools of Comedy

Lehnberg, Stefan: Die ernste Kunst der Komik

Lynn, Jonathan; Jay, Anthony: The complete Yes, Primeminister

Loriot: Dramatische Werke

Mamet, David: Richtig und falsch

Mamet, David: Die Kunst Der Filmregie

Martin, Steve: Born standing up (Sehr zu empfehlen!)

Monty Python: Just the Words (alle TV-Sketche)

Perret, Gene: The new comedy writing

Schmitt, Tom/Esser, Michael: Statusspiele

Vorhaus, John: Handwerk Humor (The Comic Toolbox)

Wilde, Larry: Great Comedians talk about Comedy

Weyers-Rojas, Georg: Das Buch, das gelesen haben sollte, der wissen möchte, wie Fernsehcomedy in Deutschland wirklich funktioniert

Internet

Comedians in Cars getting Coffee (Jerry Seinfeld spricht mit Kollegen über Comedy)

Comedy-News: Eine von mir betriebene Facebookseite, auf der ich Infos poste, die von Comedians von allgemeinem Interesse sind

Funnyordie.com

Montypythonline

TheJohncCleese.com

Orte

Chaplins World

Charlie Chaplins Villa in der Schweiz, und ein Museum. Route de Fenil 2, 1804 Corsier sur Vevey, +41 (0) 842 422 422, contact@chaplinsworld.com

Museum of Comedy
The Undercroft, St George's Church, Bloomsbury Way
London WC1A 2SR, Booking Line: 020 7534 1744,Office Line: 020 7534 1740
MuseumofComedy.com

Seinfeld – The Apartment
Milk Studios on West 14th Street, New York, Manhattan

Comedyinstitut Renate Coch, Köln
Kontakt@Comedyinstitut.de

B Sigmund Freud: Der Humor (1927)

In meiner Schrift über den *Witz und seine Beziehung zum Unbewussten* (1905) habe ich den Humor eigentlich nur vom ökonomischen Gesichtspunkt behandelt. Es lag mir daran, die Quelle der Lust am Humor zu finden, und ich meine, ich habe gezeigt, dass der humoristische Lustgewinn aus erspartem Gefühlsaufwand hervorgeht.

Der humoristische Vorgang kann sich in zweierlei Weisen vollziehen, entweder an einer einzigen Person, die selbst die humoristische Einstellung einnimmt, während der zweiten Person die Rolle des Zuschauers und Nutznießers zufällt, oder zwischen zwei Personen, von denen die eine am humoristischen Vorgang gar keinen Anteil hat, die zweite aber diese Person zum Objekt ihrer humoristischen Betrachtung macht. Wenn, um beim gröbsten Beispiel zu verweilen, der Delinquent, der am Montag zum Galgen geführt wird, die Äußerung tut: »Na, die Woche fängt gut an«, so entwickelt er selbst den Humor, der humoristische Vorgang vollendet sich an seiner Person und trägt ihm offenbar eine gewisse Genugtuung ein. Mich, den unbeteiligten Zuhörer, trifft gewissermaßen eine Fernwirkung der humoristischen Leistung des Verbrechers; ich verspüre, vielleicht ähnlich wie er, den humoristischen Lustgewinn.

Der zweite Fall liegt vor, wenn z. B. ein Dichter oder Schilderer das Gehaben von realen oder erfundenen Personen in humoristischer Weise beschreibt. Diese Personen brauchen selbst keinen Humor zu zeigen, die humoristische Einstellung ist allein Sache dessen, der sie zum Objekt nimmt, und der Leser oder Zuhörer wird wiederum wie im vorigen Falle des Genusses am Humor teilhaftig. Zusammenfassend kann man also sagen, man kann die humoristische Einstellung — worin immer diese bestehen mag — gegen die eigene oder gegen fremde Personen wenden; es ist anzunehmen, dass sie dem, der es tut, einen Lustgewinn bringt; ein ähnlicher Lustgewinn fällt dem — unbeteiligten — Zuhörer zu.

Die Genese des humoristischen Lustgewinns erfassen wir am besten, wenn wir uns dem Vorgang beim Zuhörer zuwenden, vor dem ein anderer Humor entwickelt. Er sieht diesen anderen in einer Situation, die es erwarten lässt, dass er die Anzeichen eines Affekts produzieren wird; er wird sich ärgern, klagen, Schmerz äußern, sich schrecken, grausen, vielleicht selbst verzweifeln, und der Zuschauer-Zuhörer ist bereit, ihm darin zu folgen, die gleichen Gefühlsregungen bei sich entstehen zu lassen. Aber diese Gefühlsbereitschaft wird enttäuscht, der andere äußert keinen Affekt, sondern macht einen Scherz; aus dem ersparten Gefühlsaufwand wird nun beim Zuhörer die humoristische Lust.

So weit kommt man leicht, aber man sagt sich auch bald, dass es der Vorgang beim anderen, beim »Humoristen« ist, der die größere Aufmerksamkeit verdient. Kein Zweifel, das Wesen des Humors besteht darin, dass man sich die Affekte erspart, zu denen die Situation Anlass gäbe, und sich mit einem Scherz über die Möglichkeit solcher Gefühlsäußerungen hinaussetzt. Insofern muss der Vorgang beim Humoristen mit dem beim Zuhörer übereinstimmen, richtiger gesagt, der Vorgang beim Zuhörer muss den beim Humoristen kopiert haben. Aber wie bringt der Humorist jene psychische Einstellung zustande, die ihm die Affektentbindung überflüssig macht, was geht bei »der humoristischen Einstellung« dynamisch in ihm vor? Offenbar ist die Lösung des Problems beim Humoristen zu suchen, beim Zuhörer ist nur ein Nachklang, eine Kopie dieses unbekannten Prozesses anzunehmen.

Es ist Zeit, dass wir uns mit einigen Charakteren des Humors vertraut machen. Der Humor hat nicht nur etwas Befreiendes wie der Witz und die Komik, sondern auch etwas Großartiges und Erhebendes, welche Züge an den beiden anderen Arten des Lustgewinns aus intellektueller Tätigkeit nicht gefunden werden. Das Großartige liegt offenbar im Triumph des Narzissmus, in der siegreich behaupteten Unverletzlichkeit des Ichs. Das Ich verweigert es, sich durch die Veranlassungen aus der Realität kränken, zum Leiden nötigen zu lassen, es beharrt dabei, dass ihm die Traumen der Außenwelt nicht nahegehen können, ja es zeigt, dass sie ihm nur Anlässe zu Lustgewinn sind. Dieser letzte Zug ist für den Humor durchaus wesentlich. Nehmen wir an, der am Montag zur Hinrichtung geführte Verbrecher hätte gesagt: Ich mach' mir nichts daraus, was liegt denn daran, wenn ein Kerl wie ich aufgehängt wird, die Welt wird darum nicht zugrunde gehen, — so dass wir urteilen, diese Rede enthält zwar diese großartige Überlegenheit über die reale Situation, sie ist weise und berechtigt, aber sie verrät auch nicht die Spur von Humor, ja sie ruht auf einer Einschätzung der Realität, die der des Humors direkt zuwiderläuft. Der Humor ist nicht resigniert, er ist trotzig, er bedeutet nicht nur den Triumph des Ichs, sondern auch den des Lustprinzips, das sich hier gegen die Ungunst der realen Verhältnisse zu behaupten vermag.

Durch diese beiden letzten Züge, die Abweisung des Anspruchs der Realität und die Durchsetzung des Lustprinzips nähert sich der Humor den regressiven oder reaktionären Prozessen, die uns in der Psychopathologie so ausgiebig beschäftigen. Mit seiner Abwehr der Leidensmöglichkeit nimmt er einen Platz ein in der großen Reihe jener Methoden, die das menschliche Seelenleben ausgebildet hat, um sich dem Zwang des Leidens zu entziehen, einer Reihe, die mit der Neurose anhebt, im Wahnsinn gipfelt und in die der Rausch, die Selbstversenkung, die Ekstase einbezogen sind. Der Humor dankt diesem Zusammenhange eine Würde, die z. B. dem Witze völlig abgeht, denn dieser dient entweder nur dem Lustgewinn, oder er stellt den Lustgewinn in den Dienst der Aggression. Worin besteht nun die humoristische Einstellung, durch die man sich dem Leiden verweigert, die Unüberwindlichkeit des Ichs durch die reale Welt betont, das Lustprinzip siegreich behauptet, all dies aber, ohne wie andere Verfahren gleicher Absicht den Boden seelischer Gesundheit aufzugeben? Die beiden Leistungen scheinen doch unvereinbar miteinander.

Wenn wir uns an die Situation wenden, dass sich jemand gegen andere humoristisch einstellt, so liegt die Auffassung nahe, die ich auch bereits im

Buch über den Witz zaghaft angedeutet habe, er benehme sich gegen sie wie der Erwachsene gegen das Kind, indem er die Interessen und Leiden, die diesem groß erscheinen, in ihrer Nichtigkeit erkenne und belächle. Der Humorist gewinne also seine Überlegenheit daher, dass er sich in die Rolle des Erwachsenen, gewissermaßen in die Vateridentifizierung begebe und die anderen zu Kindern herabdrücke. Diese Annahme deckt wohl den Sachverhalt, aber sie erscheint kaum zwingend. Man fragt sich, wie kommt der Humorist dazu, sich diese Rolle anzumaßen.

Aber man erinnert sich an die andere, wahrscheinlich ursprünglichere und bedeutsamere Situation des Humors, dass jemand die humoristische Einstellung gegen seine eigene Person richtet, um sich solcherart seiner Leidensmöglichkeiten zu erwehren. Hat es einen Sinn zu sagen, jemand behandle sich selbst wie ein Kind und spiele gleichzeitig gegen dies Kind die Rolle des überlegenen Erwachsenen?

Ich meine, wir geben dieser wenig plausiblen Vorstellung einen starken Rückhalt, wenn wir in Betracht ziehen, was wir aus pathologischen Erfahrungen über die Struktur unseres Ichs gelernt haben. Dieses Ich ist nichts Einfaches, sondern beherbergt als seinen Kern eine besondere Instanz, das Über-Ich, mit dem es manchmal zusammenfließt, so dass wir die beiden nicht zu unterscheiden vermögen, während es sich in anderen Verhältnissen scharf von ihm sondert. Das Über-Ich ist genetisch Erbe der Elterninstanz, es hält das Ich oft in strenger Abhängigkeit, behandelt es wirklich noch, wie einst in frühen Jahren die Eltern — oder der Vater — das Kind behandelt haben. Wir erhalten also eine dynamische Aufklärung der humoristischen Einstellung, wenn wir annehmen, sie bestehe darin, dass die Person des Humoristen den psychischen Akzent von ihrem Ich abgezogen und auf ihr Über-Ich verlegt habe. Diesem so geschwellten Über-Ich kann nun das Ich winzig klein erscheinen, alle seine Interessen geringfügig, und es mag dem Über-Ich bei dieser neuen Energieverteilung leicht werden, die Reaktionsmöglichkeiten des Ichs zu unterdrücken.

Unserer gewohnten Ausdrucksweise treu, werden wir anstatt Verlegung des psychischen Akzents zu sagen haben: Verschiebung großer Besetzungsmengen. Es fragt sich dann, ob wir uns solche ausgiebige Verschiebungen von einer Instanz des seelischen Apparats auf eine andere vorstellen dürfen. Es sieht wie eine neue *ad hoc* gemachte Annahme aus, doch dürfen wir uns erinnern, dass wir wiederholt, wenn auch nicht oft genug, bei unseren Versuchen einer metapsychologischen Vorstellung des seelischen Geschehens mit einem solchen Faktor gerechnet haben. So nahmen wir z. B. an, der Unterschied zwischen einer gewöhnlichen erotischen Objektbesetzung und dem Zustand einer Verliebtheit bestehe darin, dass in letzterem Falle ungleich mehr Besetzung auf das Objekt übergeht, das Ich sich gleichsam nach dem Objekt entleert. Beim Studium einiger Fälle von Paranoia konnte ich feststellen, dass die Verfolgungsideen frühzeitig gebildet werden und lange Zeit bestehen, ohne eine merkliche Wirkung zu äußern, bis sie dann auf einen bestimmten Anlass hin die Besetzungsgrößen erhalten, die sie dominant werden lassen. Auch die Heilung solcher paranoischer Anfälle dürfte weniger in einer Auflösung und Korrektur der Wahnideen als in der Entziehung der ihnen verliehenen Besetzung bestehen. Die Abwechslung von Melancholie und Manie, von grausamer Unterdrückung des Ichs durch das Über-Ich und von Befreiung des Ichs nach solchem Druck hat uns den Eindruck eines solchen Besetzungswandels gemacht, den man übrigens auch zur Erklärung einer ganzen Reihe von Erscheinungen des normalen Seelenlebens heranziehen müsste. Wenn dies bisher in so geringem Ausmaß geschehen ist, so liegt der Grund dafür in der von uns geübten, eher lobenswerten Zurückhaltung. Das Gebiet, auf dem wir uns sicher fühlen, ist das der Pathologie des Seelenlebens; hier machen wir unsere Beobachtungen, erwerben wir unsere Überzeugungen. Eines Urteils über das Normale getrauen wir uns vorläufig insoweit, als wir in den Isolierungen und Verzerrungen des Krankhaften das Normale erraten. Wenn diese Scheu einmal überwunden ist, werden wir erkennen, eine wie große Rolle für das Verständnis der seelischen Vorgänge den statischen Verhältnissen wie dem dynamischen Wechsel in der Quantität der Energiebesetzung zukommt.

Ich meine also, die hier vorgeschlagene Möglichkeit, dass die Person in einer bestimmten Lage plötzlich ihr Über-Ich überbesetzt und nun von diesem aus die Reaktionen des Ichs abändert, verdient es, festgehalten zu werden. Was ich für den Humor vermute, findet auch eine bemerkenswerte Analogie auf dem verwandten Gebiet des Witzes. Als die Entstehung des Witzes musste ich annehmen, dass ein vorbewusster Gedanke für einen Moment der unbewussten Bearbeitung überlassen wird, der Witz sei also der Beitrag zur Komik, den das Unbewusste leiste, Ganz ähnlich wäre *der Humor der Beitrag zur Komik durch die Vermittlung des Über-Ichs.*

Wir kennen das Über-Ich sonst als einen gestrengen Herrn. Man wird sagen, es stimmt schlecht zu diesem Charakter, dass es sich herbeilässt, dem Ich einen kleinen Lustgewinn zu ermöglichen. Es ist richtig, dass die humoristische Lust nie die Intensität der Lust am Komischen oder am Witz erreicht, sich niemals im herzhaften Lachen ausgibt; es ist auch wahr, dass das Über-Ich, wenn es die humoristische Einstellung herbeiführt, eigentlich die Realität abweist und einer Illusion dient. Aber dieser wenig intensiven Lust schreiben wir — ohne recht zu wissen warum — einen hochwertigen Charakter zu, wir empfinden sie als besonders befreiend und erhebend. Der Scherz, den der Humor macht, ist ja auch nicht das Wesentliche, er hat nur den Wert einer Probe; die Hauptsache ist die Absicht, welche der Humor ausführt, ob er sich nun an der eigenen oder an fremden Personen betätigt. Er will sagen: Sieh' her, das ist nun die Welt, die so gefährlich aussieht. Ein Kinderspiel, gerade gut, einen Scherz darüber zu machen!

Wenn es wirklich das Über-Ich ist, das im Humor so liebevoll tröstlich zum eingeschüchterten Ich spricht, so wollen wir daran gemahnt sein, dass wir über das Wesen des Über-Ichs noch allerlei zu lernen haben. Übrigens sind nicht alle Menschen der humoristischen Einstellung fähig, es ist eine köstliche und seltene Begabung, und vielen fehlt selbst die Fähigkeit, die ihnen vermittelte humoristische Lust zu genießen. Und endlich, wenn das Über-Ich durch den Humor das Ich zu trösten und vor Leiden zu bewahren strebt, hat es damit seiner Abkunft von der Elterninstanz nicht widersprochen.

C Chinesische Komik

Chinesischer Humor ist ein Mysterium. Ich habe in Shanghai ein Buch mit chinesischen Witzen gekauft; lachen konnte ich über keinen einzigen. Der mit Abstand lustigste davon ging etwa so:

„Zwei Männer stehen auf einer Brücke und sehen in den Fluss. Der eine Mann sagt: „Ach ich wollte ich wäre ein Fisch, dann wäre ich glücklich."

Darauf der andere Mann: „Du bist kein Fisch, Du weißt nicht, ob Du dann glücklich wärst."

Darauf der erste: „Du bist nicht ich, Du weißt nicht, ob ich das weiß."

D Nur ein Scherz

Hat sich schon mal jemand über Dich lustig gemacht und ist auf Deinen Protest hin zurückgerudert mit den Worten: „War nur ein Scherz", woraufhin Du Dich wieder beruhigt hast? Falls ja, sei hier an ein Zitat aus Thomas Manns „Dr. Faustus" erinnert:

„Du pflegst Deine Scherze ernster zu meinen, als Deinen Ernst."

Genauso ist es! Es gibt keine Scherze, die nichts mit der Realität zu tun haben. Wenn die Beleidigung nicht in irgendeiner Weise auf Dich zutreffen würde, wäre sie ja nicht komisch. Beispielsweise zu behaupten, Du wärst ja ein miserabler Astronaut, wäre weder lustig, noch würde es Dich beleidigen.

Das heißt nicht unbedingt, dass der andere Dich nicht (trotzdem) gernhat, aber Kritik an Dir ist es schon. Also lass Dir nichts einreden, von wegen „Scherz" und sei weiter beleidigt.

E Tod durch Lachen

Den gibt es wirklich, allerdings nur bei Vorliegen von Vorerkrankungen. In der Regel kommt es dabei zu Herzstillstand oder Ersticken, die durch einen Lachanfall ausgelöst werden.
Ein Engländer starb nach einem dreißigminütigen Lachanfall, den er beim Sehen der britischen Comedy-Fernsehserie *The Goodies* mit Tim Brooke-Taylor, Graeme Garden und Bill Oddie (Episode: *The Kung Fu Kapers*) hatte.
Nachdem später bei seiner Enkeltochter die seltene, vererbbare Herzrhythmusstörung Long QT-Syndrom diagnostiziert wurde, vermuten Experten, dass diese Krankheit die Ursache für seinen Tod war.

F Philipp Neri

Wenn trotz der Lektüre dieses Buches Deine Comedyprojekte sämtlich scheitern, bietet sich als letzte Rettung das Gebet zu Philipp Neri (1515-1595) an, der auf Grund seiner humorvollen Art Goethes Lieblingsheiliger war und nicht nur als Schutzpatron von Rom und der Eliteeinheiten der US-Army fungiert und auch gegen Erdbeben, Unfruchtbarkeit bei Frauen und Gliederkrankheiten angerufen werden kann, sondern der auch der Heilige der Humoristen ist.

Personenregister

Vom selben Autor:

Der Komödiant

Eine Anleitung zum komischen Spiel für Autoren und Regisseure

Dieses Buch wurde in Übereinstimmung mit den GPSR-Richtlinien der EU zur Sicherheit von Produkten erstellt.

Die Verordnung über die allgemeine Produktsicherheit ist der aktualisierte Rahmen der Europäischen Union, um sicherzustellen, dass alle Verbraucherprodukte, einschließlich Bücher, für Verbraucher sicher sind.

Dieses Buch wurde von Libri Plureos GmbH gedruckt. Der Drucker hat Sicherheitszertifikate für die verwendeten Materialien wie Tinte, Papier und Kleber ausgestellt.

Die Produktkennung ist: 9789463989510

Der Autor ist für den Inhalt des Buches verantwortlich, ist Herausgeber der Werke und trägt die volle Verantwortung dafür.

Das Buch wurde über Bookmundo produziert. Bookmundo ermöglicht es jedem Autor, seine Geschichten über gedruckte Bücher und E-Books und ein breites Vertriebsnetz mit dem Rest der Welt zu teilen.

Bookmundo fungiert als Vermittler bei Sicherheitsfragen und richtet diese an den Drucker/Autor. Sollten Sie Fragen zur Sicherheit des Produkts haben, kontaktieren Sie uns bitte.

Bookmundo
Delftsestraat 33
3013AE Rotterdam
Die Niederlande
info@bookmundo.com